Aufdecken • Durchblicken

UNSER KÖRPER

In der Reihe *Aufdecken · Durchblicken* sind erschienen:

- Tiere in den Jahreszeiten
- Flugzeuge
- Unser Körper
- Wolkenkratzer

ISBN: 3-7886-1400-5

Projektleitung: Anne McRae
Text: Chris Hawkes
Illustrationen: Ivan Stalio und Studio Stalio (Alessandro Cantucci, Fabiano Fabbrucci, Andrea Morandi), Studio Inklink
Grafik: Marco Nardi
Redaktion: Claire Moore, Vicky Egan
Repro: Litocolor, Florenz (Italien)
Bildrecherche: Chris Hawkes
Übersetzung: Sabine Goehrmann

Druck und Bindung in China

Aufdecken • Durchblicken

UNSER KÖRPER

Von Chris Hawkes

Illustrationen: Studio Stalio (Alessandro Cantucci, Fabiano Fabbrucci, Andrea Morandi) und Studio Inklink

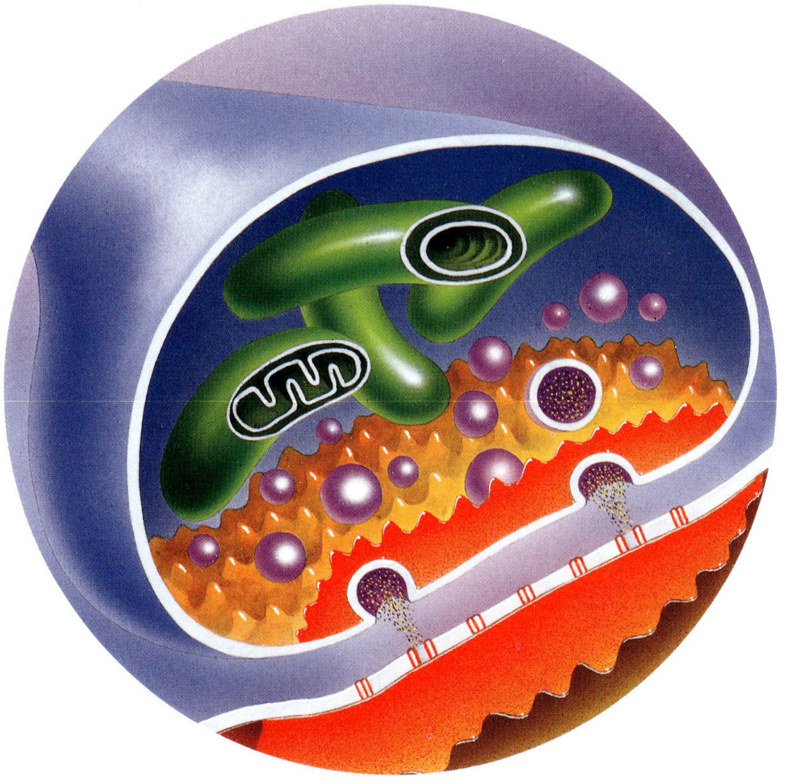

Tessloff Verlag

Inhalt

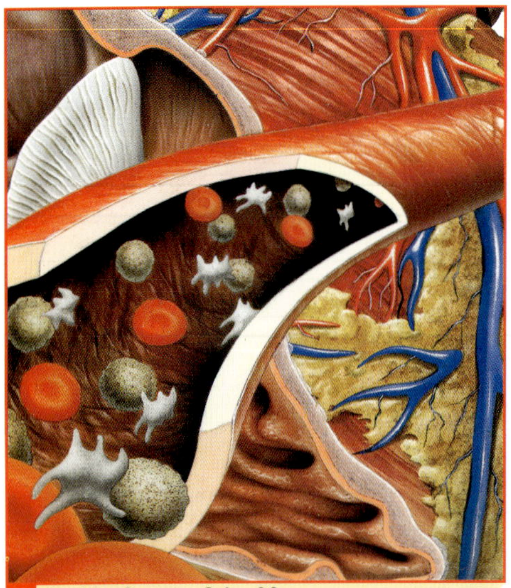

Kreislaufpumpe Seite 22

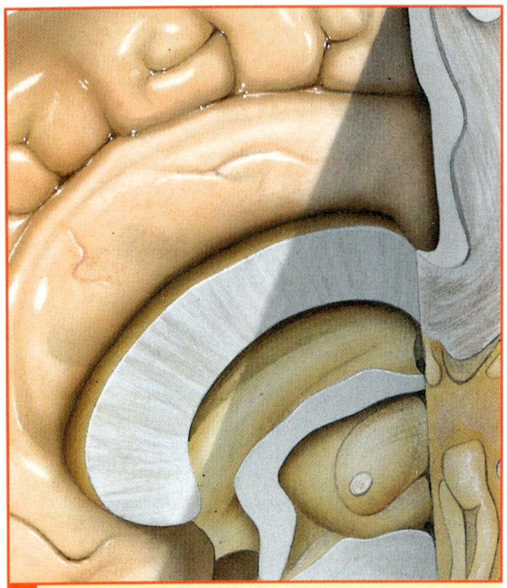

Das Gehirn Seite 16

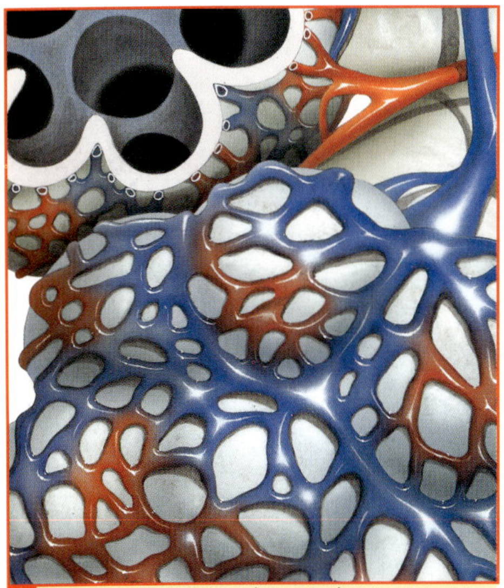

Der Atem des Lebens (Alveolen) Seite 24

Einführung

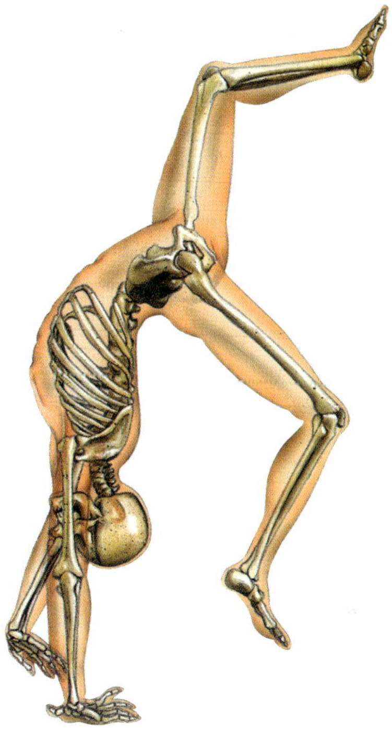

Menschen sind einzigartige Lebewesen. Millionen Jahre der Evolution haben eine Spezies mit erstaunlichen Fähigkeiten hervorgebracht. Wir können Dinge wahrnehmen und darauf reagieren, ohne uns bewusst zu sein, dass wir es tun. Unablässig laufen hunderte von Funktionen in unserem Körper ab, damit wir weiterleben können.

Wir haben ein unvorstellbar verzweigtes Netzwerk in uns, durch das Blut in alle Teile unseres Körpers fließt, und mit ihm Nährstoffe und Sauerstoff, um unseren Energiebedarf zu decken. Wir können unser Blut reinigen, es mit allen notwendigen Nährstoffen versorgen und alte Zellen ersetzen. Das lebensspendende Blut wird von einem außergewöhnlichen Muskel, dem Herzen, der bis zu 100 000-mal pro Tag schlägt, durch den Körper transportiert – meist ohne dass wir etwas davon merken.

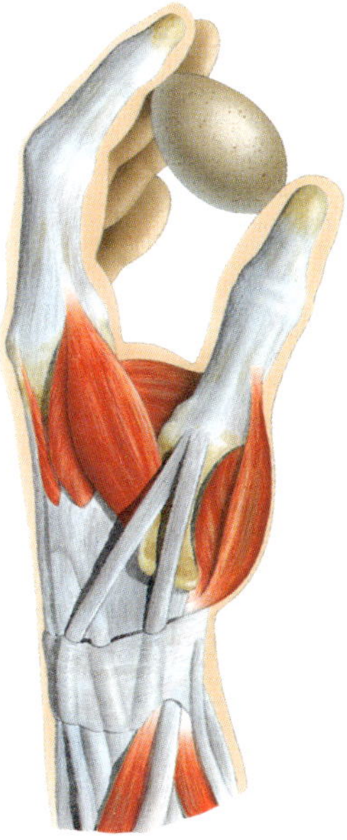

Wir besitzen ein hochkompliziertes Betriebssystem, unser Gehirn, das all unser Tun steuert. Wir verdanken ihm die Fähigkeit, alles, was um uns herum geschieht, interpretieren und darauf reagieren zu können. Es koordiniert alle Vorgänge, die in unserem Körper ablaufen. Es ist in der Lage, über 1 000 Gerüche und über 10 000 Farben zu erkennen. Es kann sich an Worte, Gesichter und Geräusche erinnern, und es lässt uns Gefühle empfinden und folgerichtig denken.

Wir haben die Fähigkeit, den lebenserhaltenden Sauerstoff aus der Luft einzuatmen. Wenn wir essen, entnehmen wir der Nahrung alle Nährstoffe, die wir brauchen, und scheiden alles aus, was wir nicht brauchen. Wir sind außerdem in der Lage, neues Leben zu schaffen, damit die Menschheit fortbesteht.

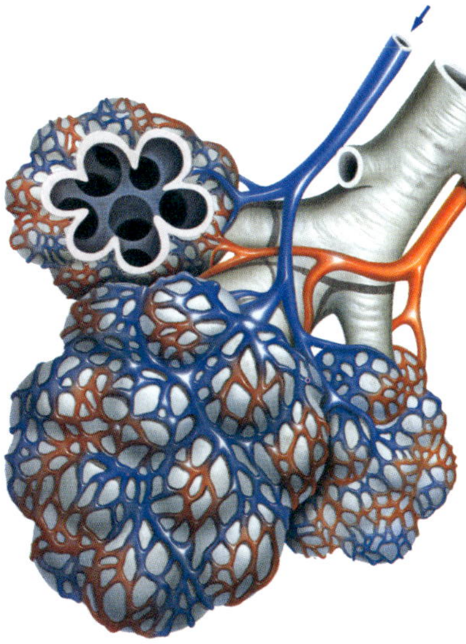

Wir besitzen eine Armee von Zellen – das Immunsystem – die feindliche Eindringlinge aus der Außenwelt bekämpft. Das Immunsystem arbeitet so wirkungsvoll, dass wir es nur bemerken, wenn es nicht funktioniert und wir krank werden.

Dieses Buch wird dir helfen, die Vorgänge in deinem Körper besser zu verstehen. Es befasst sich mit allen Aspekten seiner Funktionsweise und wird dich staunen lassen, wie komplex und genial der menschliche Körper ist.

Der menschliche Körper

Unser Körper ist eine äußerst komplizierte lebendige Maschine. All seine Teile – vom festen Skelett bis zum flüssigen Blut – bestehen aus Billionen von mikroskopisch kleinen Zellen. Große Körperteile, die Organe (wie das Herz, die Leber und die Lungen), leisten bestimmte Arbeiten im Körper und bilden verschiedene Organsysteme. Zusammen erfüllen die Organsysteme alle lebenswichtigen Aufgaben. Obwohl wir von außen alle verschieden aussehen, hat jeder – ob Mann oder Frau, alt oder jung – die gleichen Systeme.

Das Muskelsystem

Unter der Haut ist der menschliche Körper von über 600 Muskeln bedeckt. Durch vom Gehirn ausgesandte Impulse in Gang gesetzt, ermöglichen uns diese Muskeln (die oft als Gegenspieler wirken) alle unsere Bewegungen.

Menschen sind das Ergebnis von Jahrmillionen der Evolution. Die ältesten je gefundenen Fossilien von Hominiden sind über fünf Millionen Jahre alt.

Der Blutkreislauf

Das Herz, die Blutgefäße (Arterien und Venen) und das Blut bilden zusammen den Blutkreislauf. Das mit Nährstoffen und Sauerstoff angereicherte Blut wird vom Herzen durch die Arterien in alle Körperteile gepumpt. Venen bringen das Blut zum Herzen zurück.

Das Gehirn ist das wichtigste Organ im menschlichen Körper. Wenn das Gehirn nicht mehr arbeitet, ist ein Mensch für Mediziner tot, selbst wenn sein Herz noch schlägt.

Der Körper besteht aus über 100 Billionen Zellen. Jede Minute sterben drei Millionen dieser Zellen ab, werden aber ständig durch neue Zellen ersetzt.

Das Fortpflanzungssystem des Mannes ist anders als das der Frau, aber alle anderen Körpersysteme sind die gleichen. Durch die Zusammenarbeit dieser Systeme wird der Körper am Leben gehalten.

1 Muskeln
2 Venen
3 Zunge
4 Schilddrüse
5 Lungen
6 Leber
7 Magen
8 Dickdarm
9 Dünndarm
10 Blase
11 Luftröhre
12 Aorta
13 Herz
14 Zwerchfell
15 Nieren
16 Bauchspeicheldrüse
17 Zwölffingerdarm
18 Hoden
19 Schädel
20 Wirbelsäule
21 Schilddrüse
22 Gallenblase
23 Gehirn

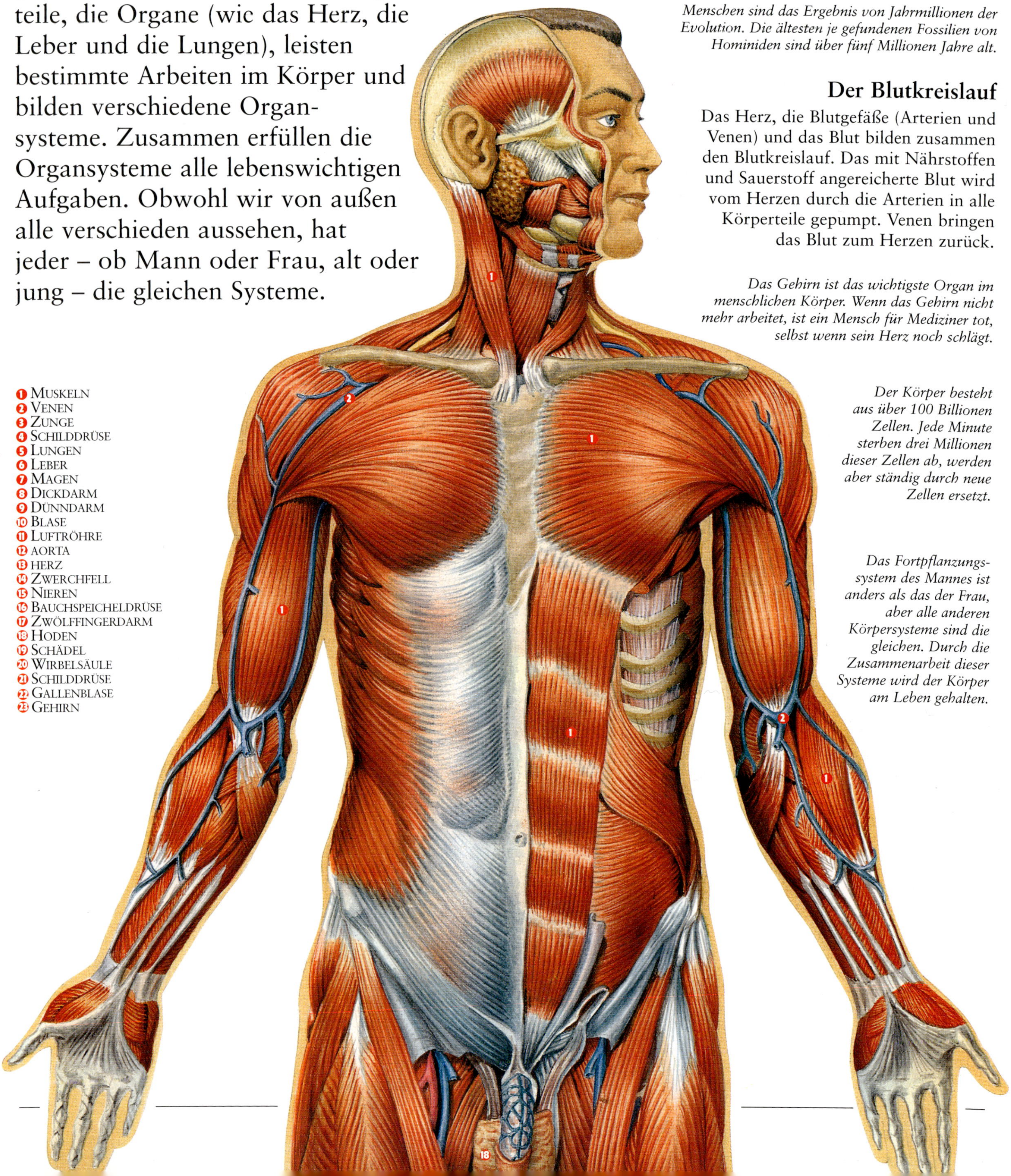

Das Skelettsystem

Das Skelettsystem besteht aus vielen Knochen (206 bei Erwachsenen), die das Knochengerüst bilden. Der Schädel und die Wirbelsäule (Kopf- und Rumpfskelett) geben uns unsere Gestalt; an Armen und Beinen (Gliedmaßenskelett) sind die Muskeln befestigt, die Bewegungen ermöglichen. Das Skelett schützt auch die empfindlichen inneren Organe.

Das Fortpflanzungssystem

Das Fortpflanzungssystem funktioniert bei Männern und Frauen unterschiedlich und hat das Ziel, Nachkommen zu erzeugen.

Das Nervensystem

Das aus Nerven, dem Rückenmark und dem Gehirn bestehende Nervensystem verarbeitet Informationen aus der Außenwelt und aus dem Körperinneren und schickt Botschaften an den entsprechenden Körperteil. Es ermöglicht uns, auf die Außenwelt zu reagieren und steuert die Vorgänge in unserem Körper.

Das Atmungssystem

Zu unserem Atmungssystem gehören die Atmungsorgane Nase, Rachen, Luftröhre und Lungen. Durch die Nase eingeatmete Luft strömt die Kehle hinunter in die Luftröhre und die Lungen, wo der Sauerstoff aus der Luft in den Blutstrom gelangt. Wenn wir ausatmen, geben wir das „Abfallgas“ Kohlendioxid ab.

Das Verdauungssystem

Das Verdauungssystem versorgt uns mit Energie. Wenn wir essen, nimmt der Darm aus unserer Nahrung all die Nährstoffe auf, die für uns lebenswichtig sind, und gibt sie an das Blut weiter. Den unverdaulichen Resten wird das Wasser entzogen, bevor sie den Körper verlassen.

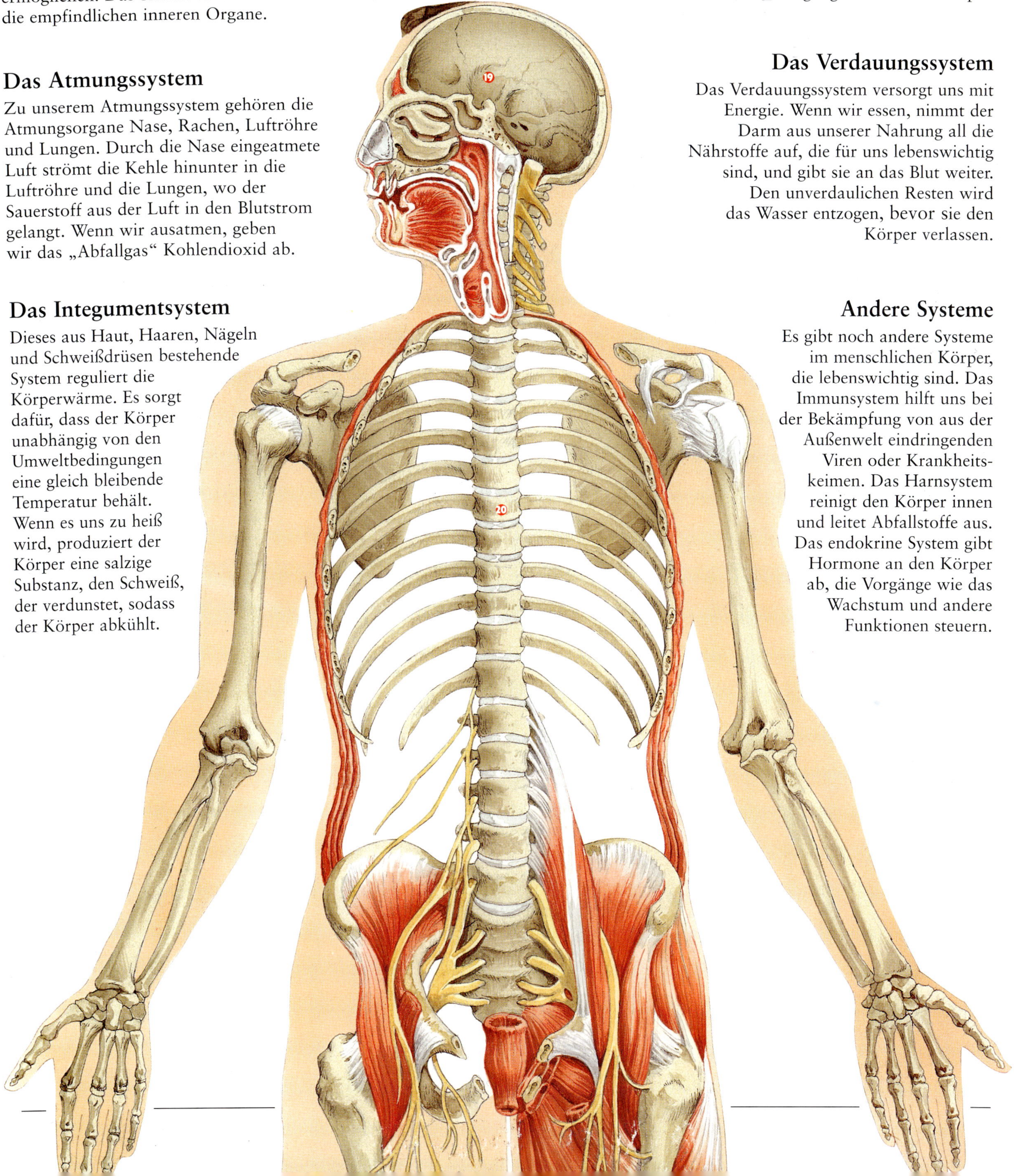

Das Integumentsystem

Dieses aus Haut, Haaren, Nägeln und Schweißdrüsen bestehende System reguliert die Körperwärme. Es sorgt dafür, dass der Körper unabhängig von den Umweltbedingungen eine gleich bleibende Temperatur behält. Wenn es uns zu heiß wird, produziert der Körper eine salzige Substanz, den Schweiß, der verdunstet, sodass der Körper abkühlt.

Andere Systeme

Es gibt noch andere Systeme im menschlichen Körper, die lebenswichtig sind. Das Immunsystem hilft uns bei der Bekämpfung von aus der Außenwelt eindringenden Viren oder Krankheitskeimen. Das Harnsystem reinigt den Körper innen und leitet Abfallstoffe aus. Das endokrine System gibt Hormone an den Körper ab, die Vorgänge wie das Wachstum und andere Funktionen steuern.

Bausteine: Zellen und Membranen

Die Zelle ist der Baustein unseres Körpers – jeder Mensch besteht aus Billionen von Zellen. Jede Zelle hat eine bestimmte Funktion im Körper. Zellen können auch zusammenarbeiten, um die für uns lebenswichtigen Aufgaben zu erfüllen. Unsere Knochen, Muskeln, Nerven, Haut und anderen Körpergewebe bestehen aus verschiedenen Zelltypen. Unabhängig von ihrer Funktion haben alle Zellen einen ähnlichen Bauplan. Die Zellmembran umschließt und schützt das Zellinnere. Durch Poren in der Membran können chemische Stoffe von außen nach innen und umgekehrt transportiert werden. Im wässrigen Zellinnern, dem Zytoplasma, liegen die „Zellorgane“, die Organellen, die unterschiedliche Aufgaben erfüllen. Die Organellen erhalten von dem Kontrollzentrum der Zelle, dem Zellkern, chemische Anweisungen.

Mitochondrien sind Energie erzeugende Organellen in schwer arbeitenden Zellen, wie die im Herzmuskel oder in Samenzellen.

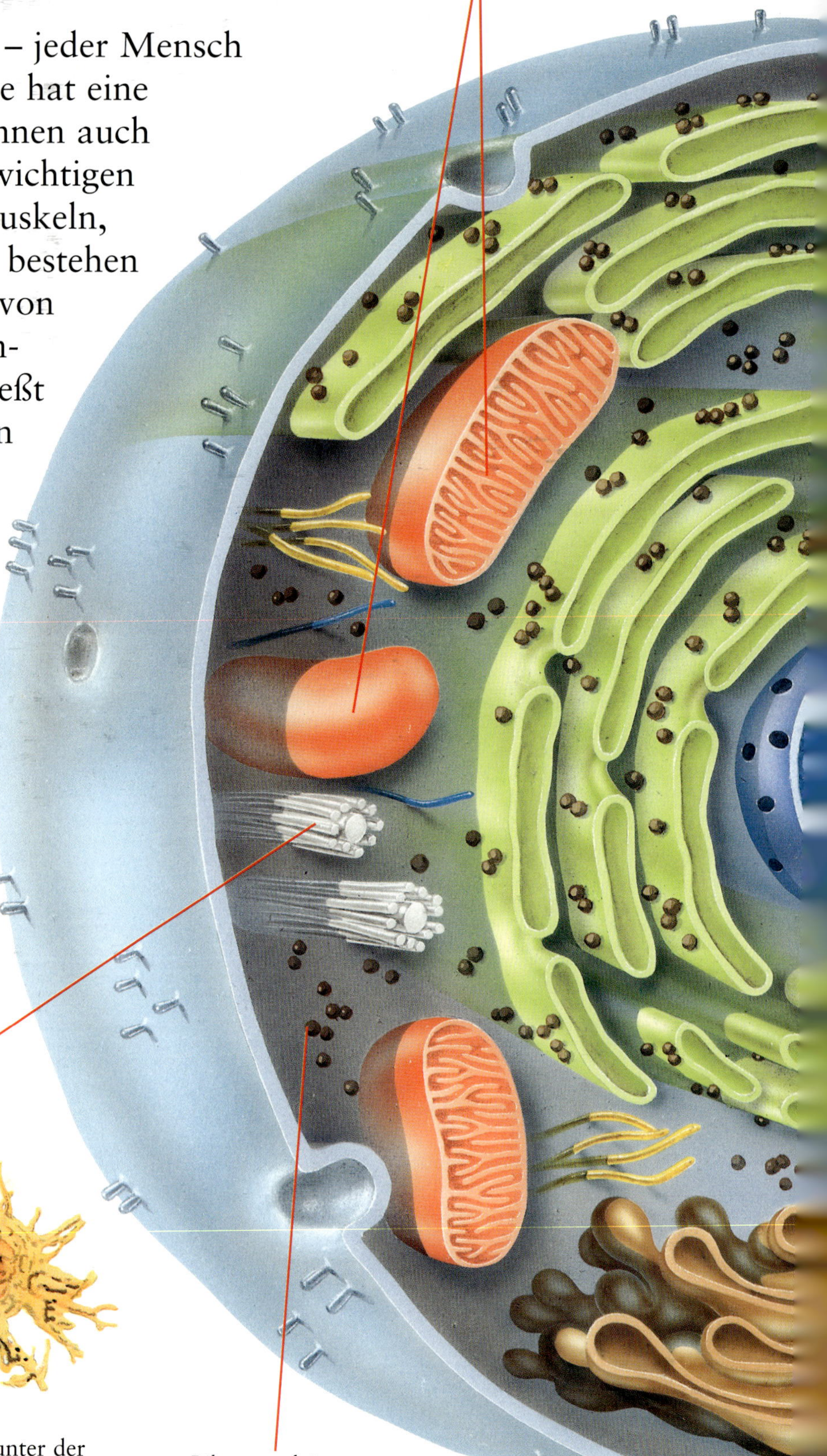

Zentriolen leiten Chromosomen, wenn sich die Zelle zweiteilt.

Ribosomen bringen Informationen zum Kern und helfen bei der Herstellung neuer Eiweiße.

Die Membran ist die Außenhülle der Zelle. Sie steuert, was in die Zelle hinein und was hinaus transportiert werden kann.

Zellteilung

Jeder Mensch beginnt sein Leben als eine einzelne Zelle. Durch einen als Mitose bezeichneten Vorgang teilt sich diese Zelle in zwei neue Zellen. Diese Zellen teilen sich erneut und zwar so lange, wie wir wachsen (gewöhnlich bis ins späte Teenageralter). Danach teilen sich die Zellen nicht mehr, damit wir wachsen, sondern, um Zellen zu ersetzen, die alt oder abgenutzt sind.

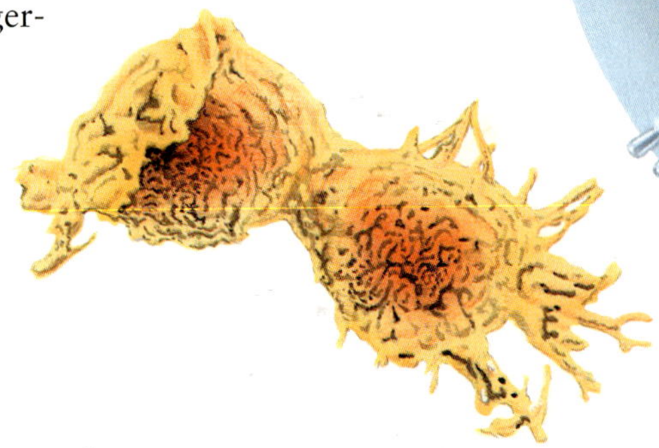

Fettspeicher

Eine Schicht Fettgewebe liegt direkt unter der Hautoberfläche. Die Zellen in dieser Schicht enthalten jede einen einzigen Tropfen Öl. Fett liefert nicht nur einen lebenswichtigen Vorrat an Energie und Nährstoffen, sondern isoliert den Körper auch gegen Kälte und schützt die wichtigen Organe vor Stößen und Verletzungen.

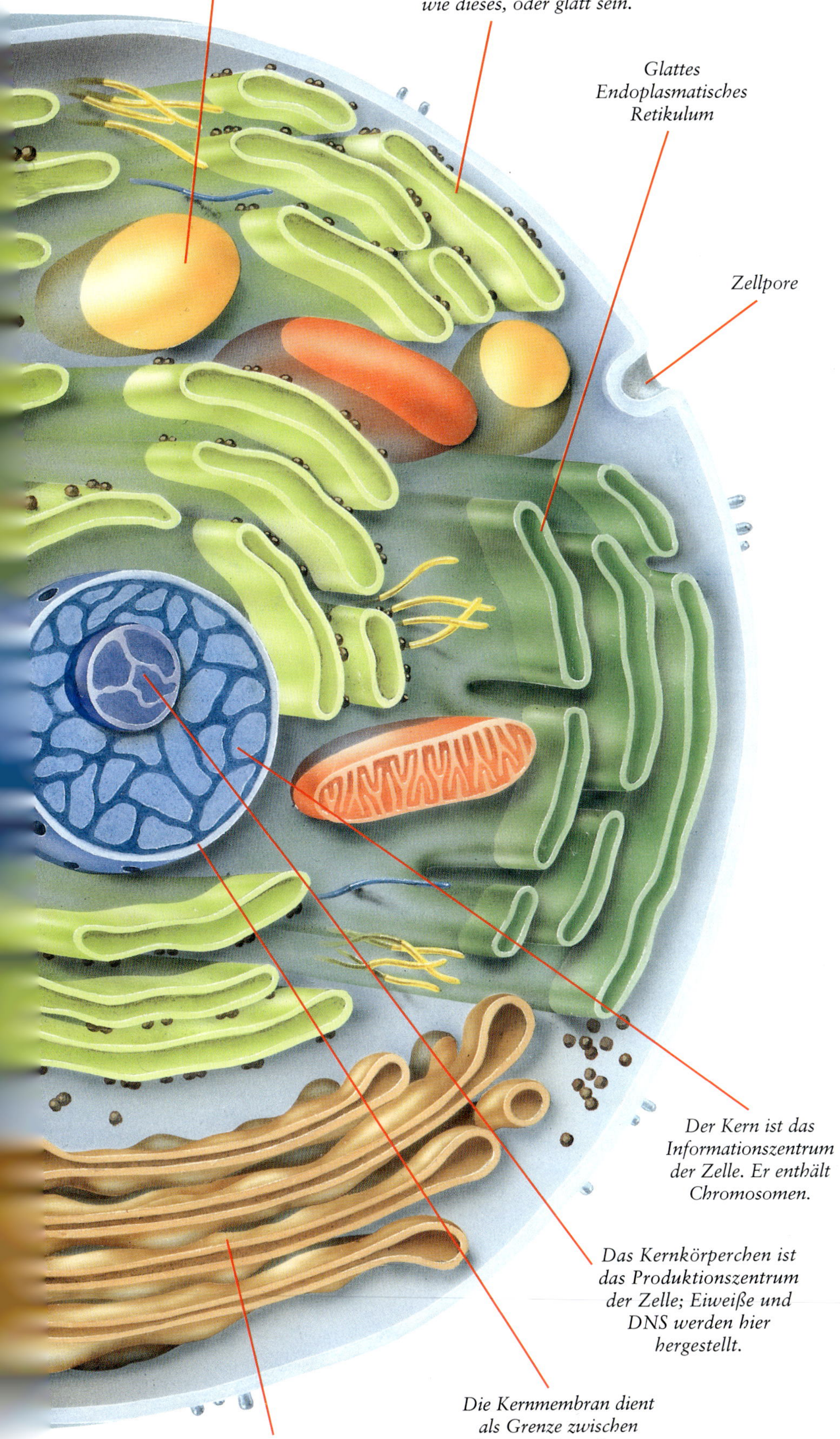

Gewebezellen

Gleichartige Zellen schließen sich zu Zellverbänden zusammen, dem Gewebe – zum Beispiel Muskelgewebe oder Nervengewebe. Eine „Grundsubstanz" genannte Gewebeflüssigkeit füllt die Räume zwischen den Gewebezellen. „Bindegewebe" bindet die Körperzellen zusammen und kommt in unterschiedlichen Formen vor, wie zähem Knorpel, hartem Knochen und flüssigem Blut.

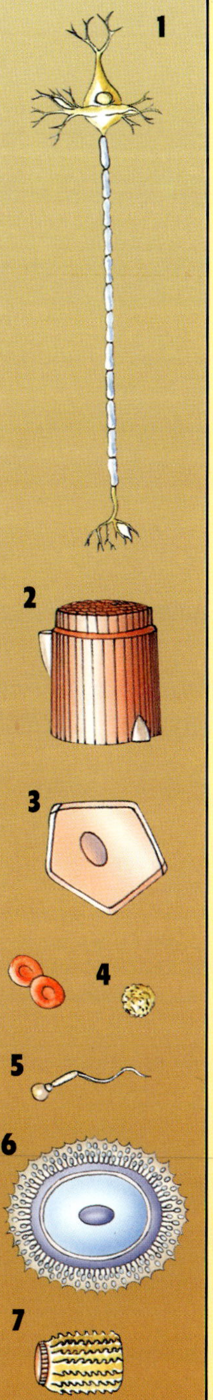

Verschiedene Zelltypen

Zellen haben je nach der Aufgabe, der sie im Körper dienen, unterschiedliche Formen und Größen.

1 Nervenzellen: Sie sind sehr lang, mit sternförmigen Köpfen; sie befördern Signale durch den Körper und stehen in Kontakt mit anderen Zellen.

2 Muskelzellen: Sie bestehen aus langen Fasern, die sich zusammenziehen, damit der Muskel sich bewegt.

3 Hautzellen: Sie sind flache Zellen, die wie die Teile eines Puzzles zusammenpassen und die Hülle des Körpers bilden.

4 Blutzellen: Sie können rot oder weiß sein. Sie werden im Blut befördert, versorgen den Körper mit Nährstoffen und bekämpfen Infektionen.

5 Samenzellen: Diese vom Mann produzierten kaulquappenähnlichen Zellen schwimmen im Körper der Frau zu ihrer Eizelle. Sie tragen die Chromosomen des Mannes.

6 Eizellen: Diese Zellen einer Frau sind rund und tragen die Chromosomen der Frau. Ein Baby entsteht, wenn eine Eizelle vom Spermium (Samenzelle) eines Mannes befruchtet wird.

7 Darmzellen: Sie haben eine gekräuselte Oberfläche; eine ihrer Funktionen ist es, bei der Aufnahme von Nährstoffen aus der Nahrung zu helfen.

Stütze und Schutz

Das Skelett ist ein bewegliches Gerüst aus harten Knochen (206 bei Erwachsenen), elastischem Knorpel und zähen Bändern. Es stützt den Körper und schützt die Organe. Der Schädel zum Beispiel schützt das Gehirn, und zwölf Paar Rippen, die von der Wirbelsäule bis zur Brust verlaufen, legen sich um Herz, Lungen und Leber. Die Rippen sind mit dem Brustbein durch biegsamen Knorpel verbunden. Am Skelett befestigt sind die Muskeln. Man unterscheidet drei Skelettteile: das Kopfskelett mit dem Schädel, das Rumpfskelett, zu dem die Wirbelsäule und der Brustkorb zählen, sowie das Gliedmaßenskelett – die Arme, Schultern, Beine und Beckenknochen. Knochen sind durch Gelenke miteinander verbunden.

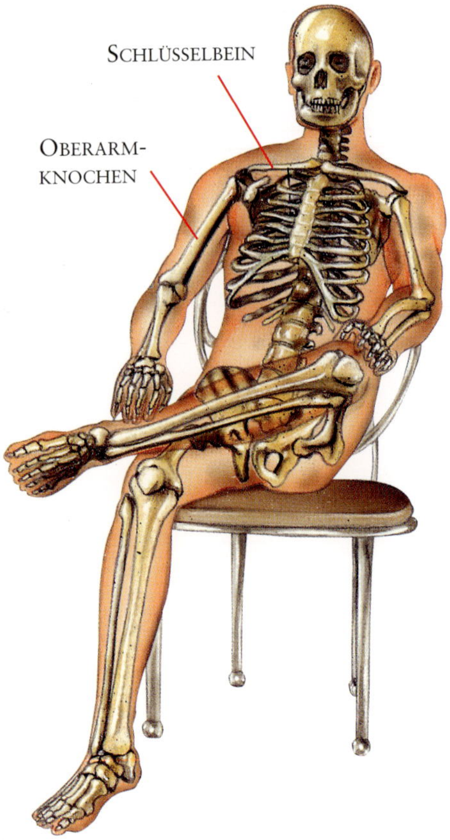

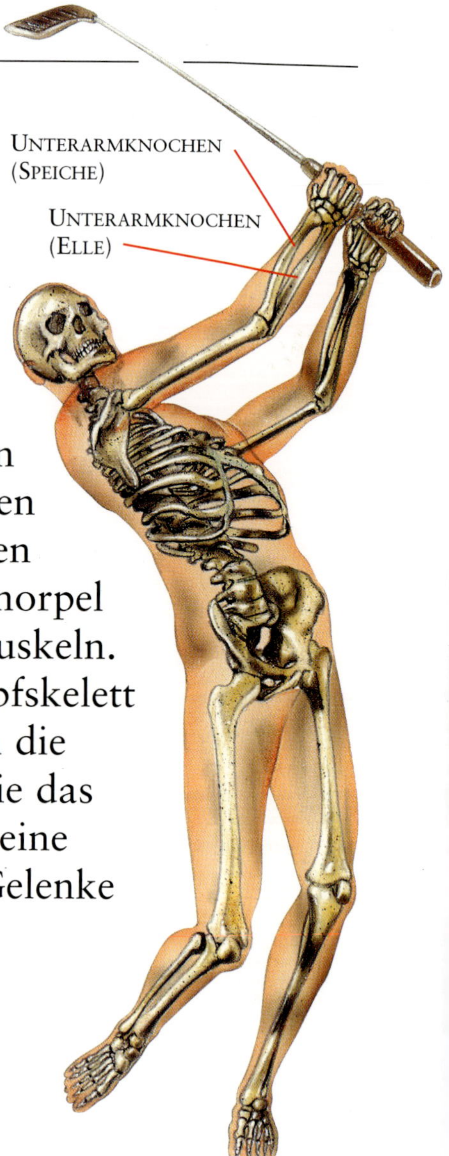

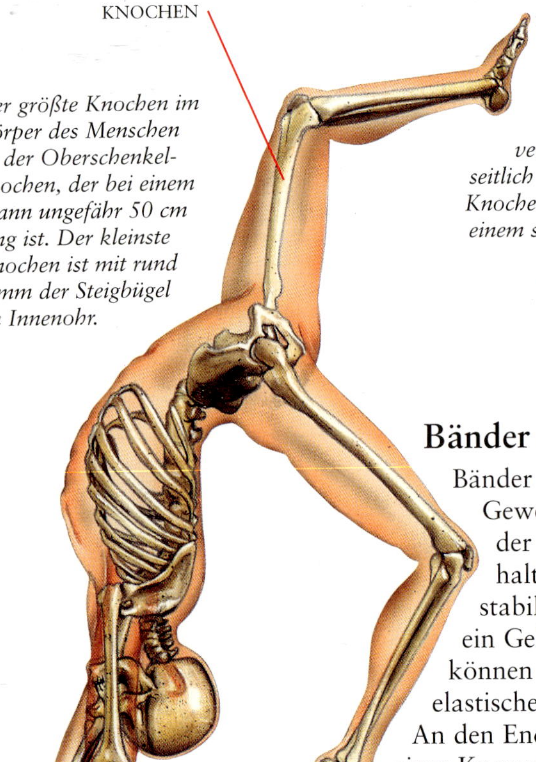

Der größte Knochen im Körper des Menschen ist der Oberschenkelknochen, der bei einem Mann ungefähr 50 cm lang ist. Der kleinste Knochen ist mit rund 5 mm der Steigbügel im Innenohr.

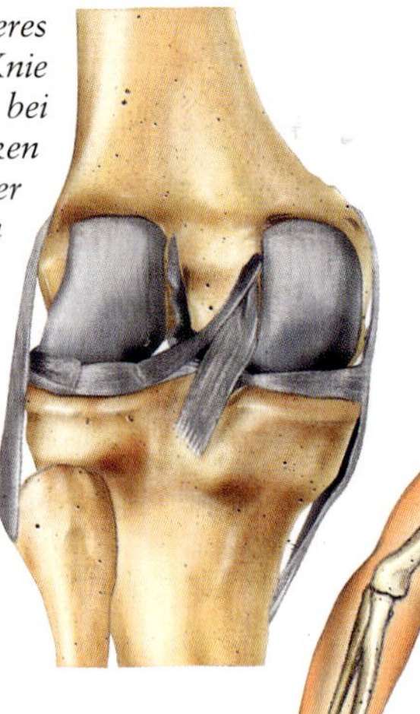

Das größte Gelenk unseres Körpers ist das Knie (rechts). Wie bei anderen Gelenken halten Bänder die Knochen zusammen und verhindern, dass sie seitlich verrutschen. Die Knochenenden sind von einem stoßdämpfenden Gewebe, dem Gelenkknorpel, überzogen.

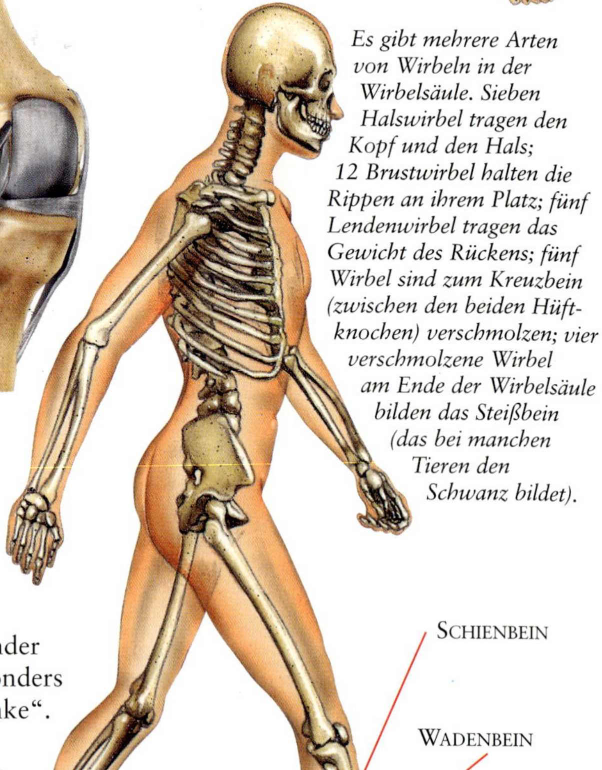

Es gibt mehrere Arten von Wirbeln in der Wirbelsäule. Sieben Halswirbel tragen den Kopf und den Hals; 12 Brustwirbel halten die Rippen an ihrem Platz; fünf Lendenwirbel tragen das Gewicht des Rückens; fünf Wirbel sind zum Kreuzbein (zwischen den beiden Hüftknochen) verschmolzen; vier verschmolzene Wirbel am Ende der Wirbelsäule bilden das Steißbein (das bei manchen Tieren den Schwanz bildet).

Bänder und Knorpel

Bänder aus festem, faserigem Gewebe sind an den Enden der Gelenkknochen befestigt, halten sie zusammen und stabilisieren sie. Manchmal kann ein Gelenk verrutschen und die Bänder können reißen. Ein Mensch mit besonders elastischen Bändern hat „Gummigelenke". An den Enden sind die Knochen von einer Knorpelschicht überzogen, damit sie gegeneinander gleiten können, ohne sich abzunutzen. Knorpel kommt auch in der Nasenspitze, im Außenohr und in der Wirbelsäule vor.

Schädel und Wirbelsäule

21 unbewegliche Knochen und ein frei beweglicher Unterkiefer bilden den Schädel – die komplizierteste Knochenstruktur des Körpers. Der Schädel hat zwei Hauptaufgaben: 1. das Gehirn, die Augen und die anderen Sinnesorgane zu schützen und 2. das Gesicht zu formen. Die Wirbelsäule, die aus 24 einzelnen und unterschiedlich geformten Knochen, den Wirbeln, besteht, schützt das Rückenmark und dient dem Skelett als Stütze.

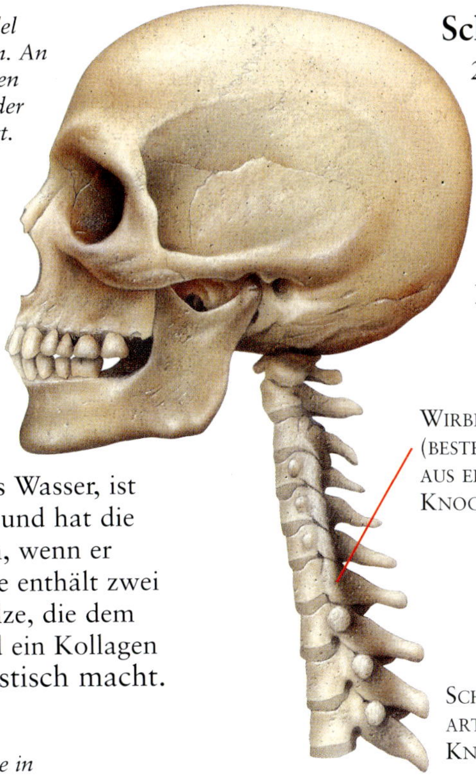

Beim Neugeborenen gibt es im Schädel noch winzige Lücken, die Fontanellen. An diesen Stellen können sich die Knochen des Schädels verschieben, wenn sich der Kopf durch den Geburtskanal zwängt. Mit dem Wachstum des Babys wird auch der Schädel größer, und im Alter von 18 Monaten sind die Fontanellen verknöchert.

Knochen

Die meisten denken, ein Knochen sei trocken und leblos. Tatsächlich aber besteht er zu einem Viertel aus Wasser, ist voller Blutgefäße und Nerven und hat die Fähigkeit, sich selbst zu heilen, wenn er gebrochen ist. Knochengewebe enthält zwei Hauptbestandteile: Mineralsalze, die dem Knochen Härte verleihen, und ein Kollagen genanntes Eiweiß, das ihn elastisch macht.

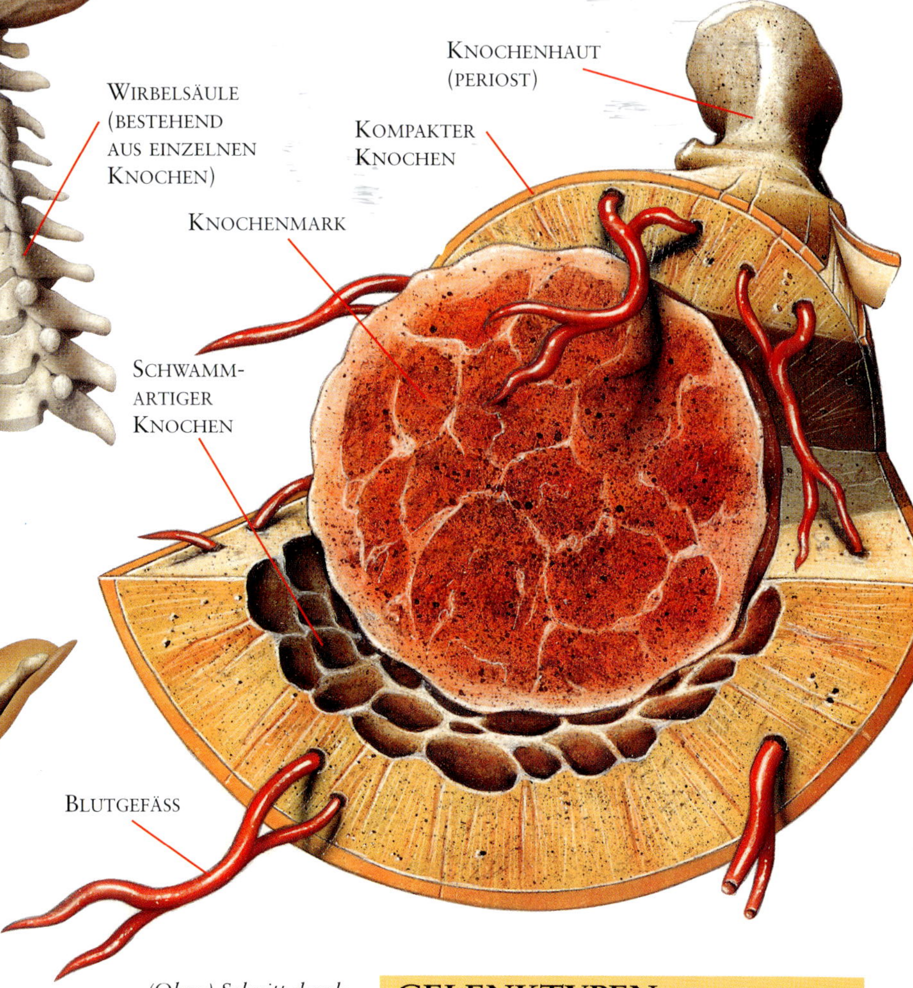

(Oben) Schnitt durch einen Knochen. Die kompakte Außenschicht besteht aus Röhrchen, den Knochensäulchen. Innen ist er von einer lockeren, schwammigen Schicht, den Knochenbälkchen, erfüllt. Schwammartiges Knochengewebe enthält Knochenmark; gelbes Knochenmark speichert Fett und rotes Knochenmark bildet Blutkörperchen.

Dank der Beweglichkeit der Gelenke in den Händen kann ein Flamenco-Tänzer in rascher Folge komplizierte, anmutige Bewegungen ausführen.

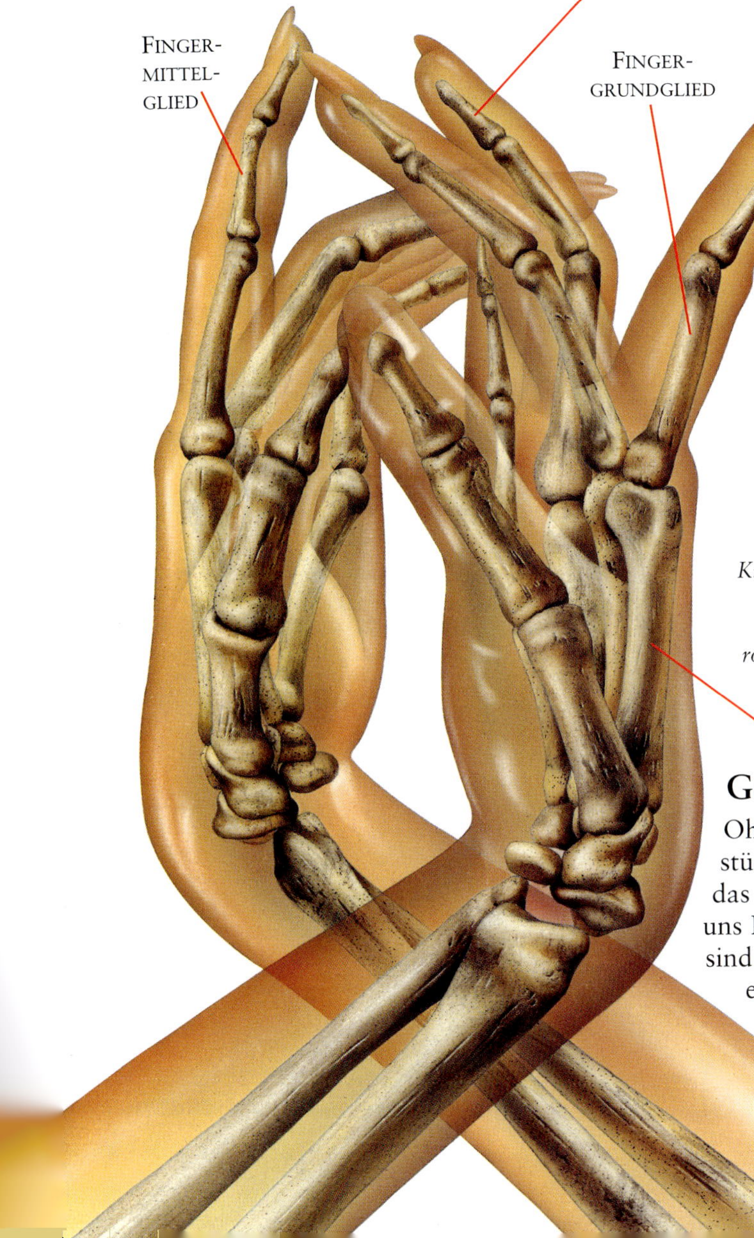

Gelenke

Ohne Gelenke – die Verbindungsstücke zwischen zwei Knochen – wäre das Skelett steif. Gelenke ermöglichen uns Beweglichkeit. Manche Knochen sind fest (wie die Schädelknochen), einige sind halbbeweglich (wie die Wirbel) und andere sind beweglich (wie Kniee und Ellbogen).

GELENKTYPEN

Die meisten Gelenke sind frei beweglich. Es gibt zwei Grundformen:

1. Das Kugelgelenk, das in der Hüfte und der Schulter vorkommt. Bei diesem Gelenk bewegt sich der kugelige Kopf eines Knochens in der „Pfanne" eines anderen, sodass der erste Knochen hin und her und von einer Seite zur anderen bewegt werden kann.

2. Das Scharniergelenk, das im Knie und Ellbogen vorkommt. Dieser Gelenktyp lässt sich nur vor und zurück, nicht aber seitlich bewegen.

Andere Gelenkarten sind das Zapfengelenk oben an der Wirbelsäule und das Sattelgelenk unten am Daumen.

Die äußere Hülle

Die Haut grenzt unseren Körper gegen die Außenwelt ab. Sie schützt unsere inneren Organe vor Krankheitserregern und hilft, die Körpertemperatur zu regulieren. Sie ist zudem ein wichtiges Sinnesorgan. Haut hat drei Schichten. Die äußere Schicht, die Oberhaut oder Epidermis, besteht aus harten, toten Zellen, die ständig abschuppen und durch Zellen aus der unteren Epidermis ersetzt werden. Die mittlere Schicht, die Lederhaut, enthält Sinneszellen, Nerven, Blutgefäße und Schweißdrüsen. Die innere Schicht, die Unterhaut, besteht aus Fettgewebe. Hier sitzen auch die Haarbälge.

Kühlbox für den Körper

Der Körper hat gewöhnlich eine konstante Temperatur (37° C). Wenn wir aber rennen oder uns anstrengen, erzeugen unsere Muskeln Wärme, und der Körper erwärmt sich. Beim ersten Zeichen eines Anstiegs der Körpertemperatur sondern Schweißdrüsen in der Haut Schweißtropfen ab. Der Schweiß verdunstet rasch und entzieht dem Körper Wärme, sodass er abkühlt.

Haare

Jemand mit dichtem Haarwuchs hat über 100 000 Haare auf dem Kopf. Täglich verlieren wir 50 bis 100 Haare. Ein Haar wächst an der Wurzel, die in einer schlauchartigen Grube, dem Haarbalg, in die Haut eingebettet ist. Neue Zellen entstehen im Haarbalg und schieben lange Stränge toter Zellen nach außen – die Haare. Fettiger Talg aus Drüsen in der Haut hält sie geschmeidig. Härchen wachsen überall auf dem Körper (ausgenommen Handflächen und Fußsohlen) und halten uns warm.

Fingerabdrücke

Feine Rillen in der Haut auf jeder Fingerkuppe bilden Wirbel, Schleifen und Bögen. Dieses Muster heißt Fingerabdruck. Jeder Mensch besitzt ein unverwechselbares Muster, niemand hat das gleiche. Deshalb können Fingerabdrücke benutzt werden, um Menschen zu identifizieren.

Die Haarfarbe wird durch Pigmente, die Melanine, in den Haarbälgen hervorgerufen. Rotes Melanin erzeugt rotes Haar (oben links) und dunkelbraunes Melanin braunes oder blondes Haar, je nachdem, wie viel man davon hat.

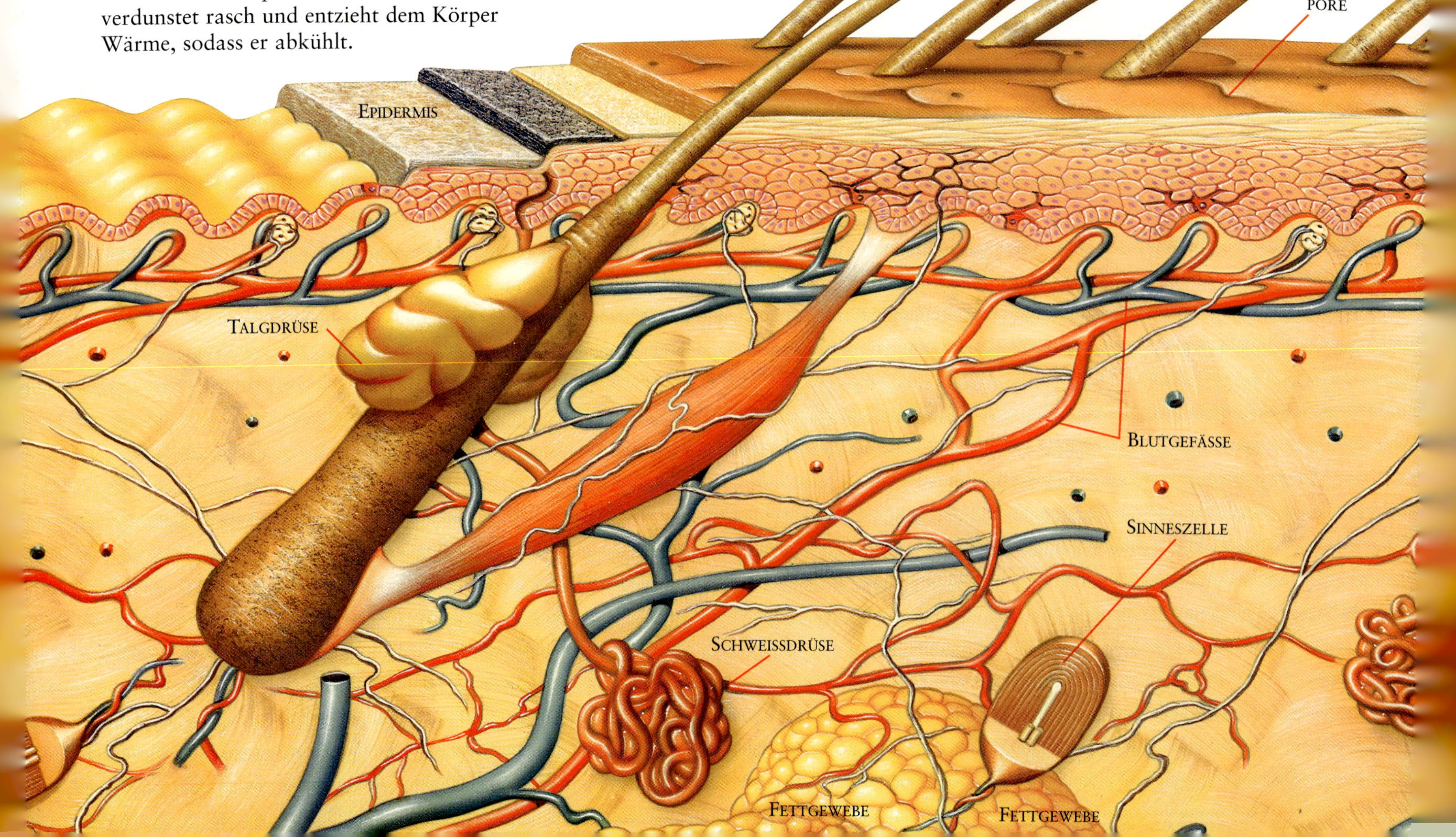

Ein Querschnitt durch die Haut. Mit nur 2 mm Dicke bildet sie die Grenze unseres Körpers zur Außenwelt.

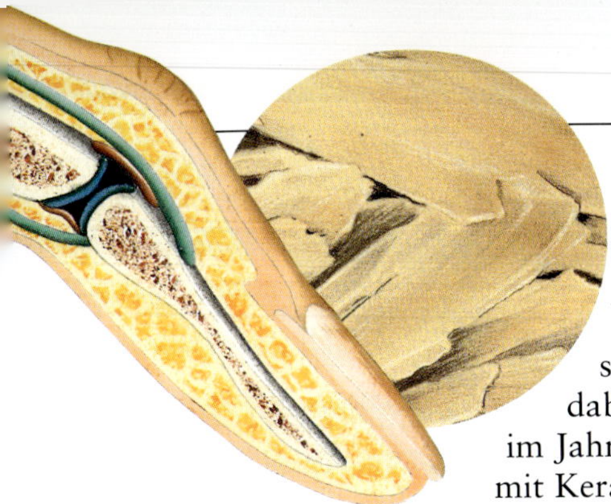

Unter dem Mikroskop sind im Fingernagel flache Zellen zu erkennen, die bereits tot sind (wie die Haarzellen). Fingernägel erleichtern uns das Greifen und Kratzen.

Nägel

Nägel schützen und bedecken die dünnen Endglieder der Finger und Zehen. Lebende Zellen wachsen von der Nagelwurzel aus, schieben den Nagel nach vorn und verhornen dabei immer mehr. Meist wachsen Nägel etwa 6 cm im Jahr. Die neu herauskommenden Zellen füllen sich mit Keratin (der Substanz, aus der auch Haare bestehen) und Mineralien, sodass der Nagel hart wird. Im Sommer wachsen Nägel schneller als im Winter. Der längste bekannte Fingernagel eines Menschen war 70 cm lang!

Hautschuppen

Die toten Zellen auf der äußeren Schicht der Epidermis schuppen ständig ab. Im Durchschnitt verlieren wir in jeder Minute rund 30 000–40 000 tote Hautzellen; aber unablässig werden Hautzellen neu gebildet und ersetzen die abgestorbenen.

(Rechts) Die äußere Schicht der Epidermis unter dem Mikroskop. Die toten Hautzellen hängen zusammen wie Puzzleteile. Sie schuppen ständig ab und werden ersetzt.

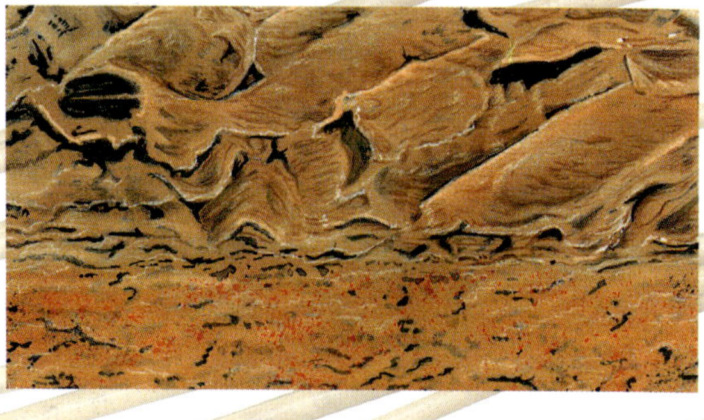

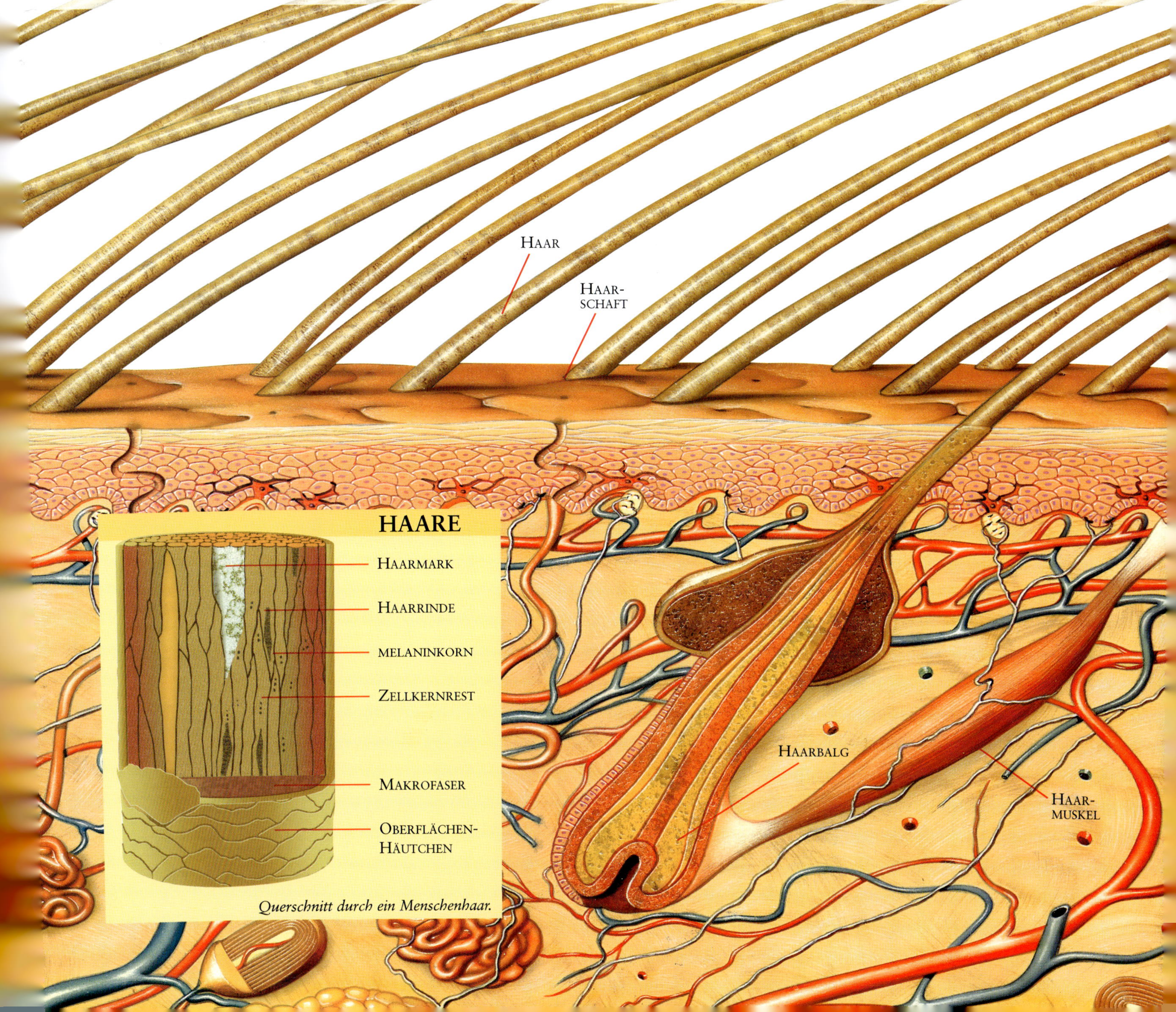

Querschnitt durch ein Menschenhaar.

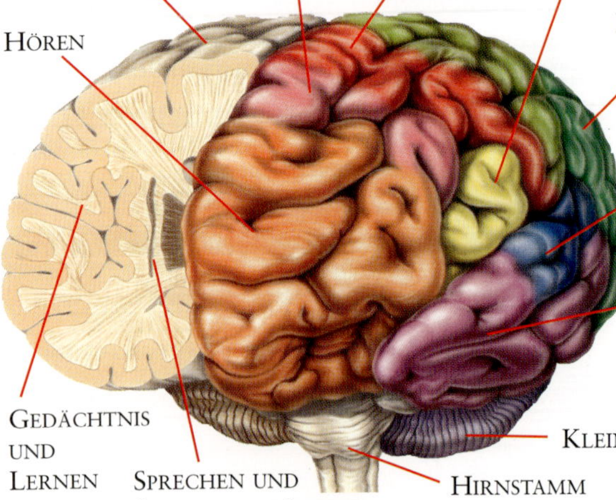

Das Gehirn

Das Gehirn ist das Steuerungszentrum des Körpers. Es reguliert das Tempo des Herzschlags und der Atmung, steuert die Körpertemperatur, verarbeitet alle Informationen, die wir von unseren Sinnen erhalten, ermöglicht uns Bewegungen, indem es Nervensignale an verschiedene Körperteile sendet, und es befähigt uns zu denken, zu träumen und zu fühlen. Obwohl das Gehirn nur etwa zwei Prozent unseres Körpergewichts ausmacht, verbraucht es rund 20 Prozent unserer Energie.

Die Teile des Gehirns

Das Gehirn ist das komplexeste Organ im menschlichen Körper. Es gliedert sich in drei Teile: das Großhirn, Sitz des Denkens und aktiven Handelns, das Kleinhirn, das unsere Bewegungen koordiniert, und den Hirnstamm, der Reflexe steuert, den Herzschlag und andere Funktionen (wie die Verdauung) reguliert und den Rest des Gehirns mit dem Rückenmark verbindet.

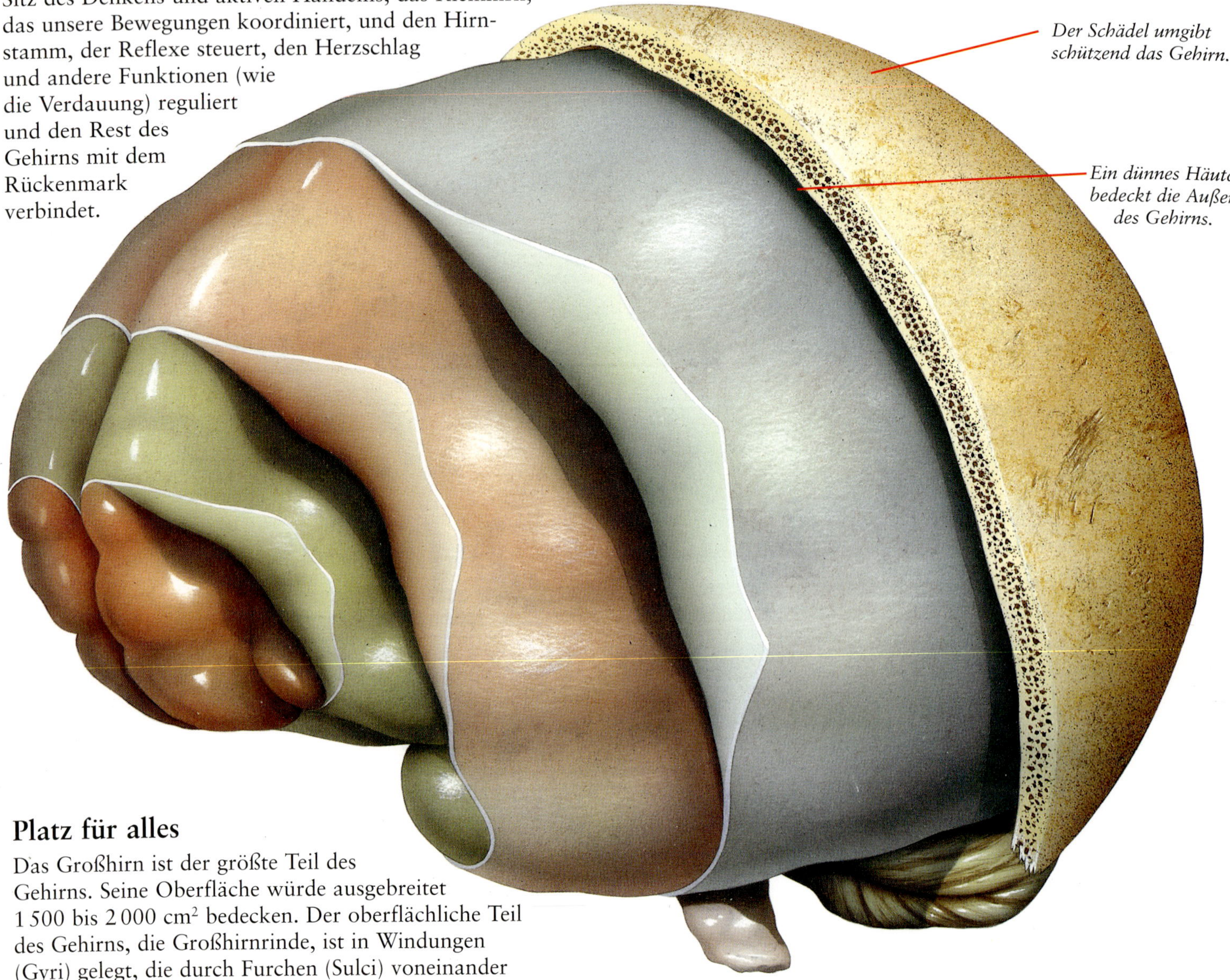

Der Schädel umgibt schützend das Gehirn.

Ein dünnes Häutchen bedeckt die Außenseite des Gehirns.

Das Gehirn besteht zu 85 Prozent aus Wasser.

Platz für alles

Das Großhirn ist der größte Teil des Gehirns. Seine Oberfläche würde ausgebreitet 1 500 bis 2 000 cm² bedecken. Der oberflächliche Teil des Gehirns, die Großhirnrinde, ist in Windungen (Gyri) gelegt, die durch Furchen (Sulci) voneinander getrennt werden. Durch diese starke Faltung findet er Platz im schützenden Schädel.

Gehirnwellen

In jeder Sekunde sausen Millionen von Nervenimpulsen entlang der Neuronen im Gehirn und erzeugen elektrische Muster, die Gehirnwellen. Diese Muster verändern sich, je nachdem, was man gerade tut. Wenn du wach, aber entspannt bist, treten Alphawellen auf. Wenn du dich konzentrierst, erscheinen Betawellen, und wenn du im Ruhezustand bist (zum Beispiel schläfst), produziert dein Gehirn Deltawellen.

Das Gehirn arbeitet mit der gleichen Energiemenge wie eine 10-Watt-Birne.

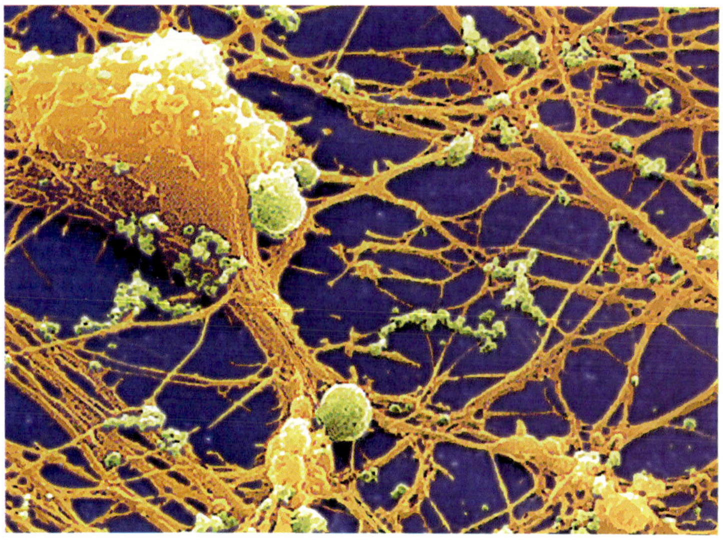

Das Innere des Gehirns enthält ein dichtes Netz von Neuronen genannten Nervenzellen. Ein einzelner Nerv kann bis zu 1 000 Impulse pro Sekunde aussenden – sie heißen Gehirnwellen.

Zwei Hälften

Das Großhirn (oder die Großhirnrinde) ist der große, gefaltete oberste Teil des Gehirns. Es besteht aus zwei Hälften (Hemisphären), die durch eine tiefe Mittelfurche geteilt sind. Die beiden Hälften erfüllen unterschiedliche Aufgaben, stehen aber miteinander in Verbindung. Wenn wir Musik hören, jemanden erkennen oder uns etwas ausdenken, kommt die rechte Gehirnhälfte zum Einsatz. Wenn wir sprechen, ein Rechenproblem lösen oder unsere Logik benutzen, ist die linke Seite bestimmend.

Unsere Umwelt verstehen

Das Großhirn enthält alle Nervenzellen, mit denen wir Informationen aus der Außenwelt empfangen und deuten können. Die Nervenzellen für unterschiedliche Aufgaben befinden sich an verschiedenen Stellen. Einige Nervenzellen veranlassen uns zu Bewegungen, andere befähigen uns, Informationen zu beurteilen, wieder andere sind für Gefühle, Sehen, Sprechen und Hören zuständig.

Das Gehirn eines Erwachsenen hat etwa 14 Milliarden Nervenzellen (Neuronen) und wiegt rund 1,5 kg.

Das Großhirn ist voller Furchen und Falten, die seine Oberfläche vergrößern.

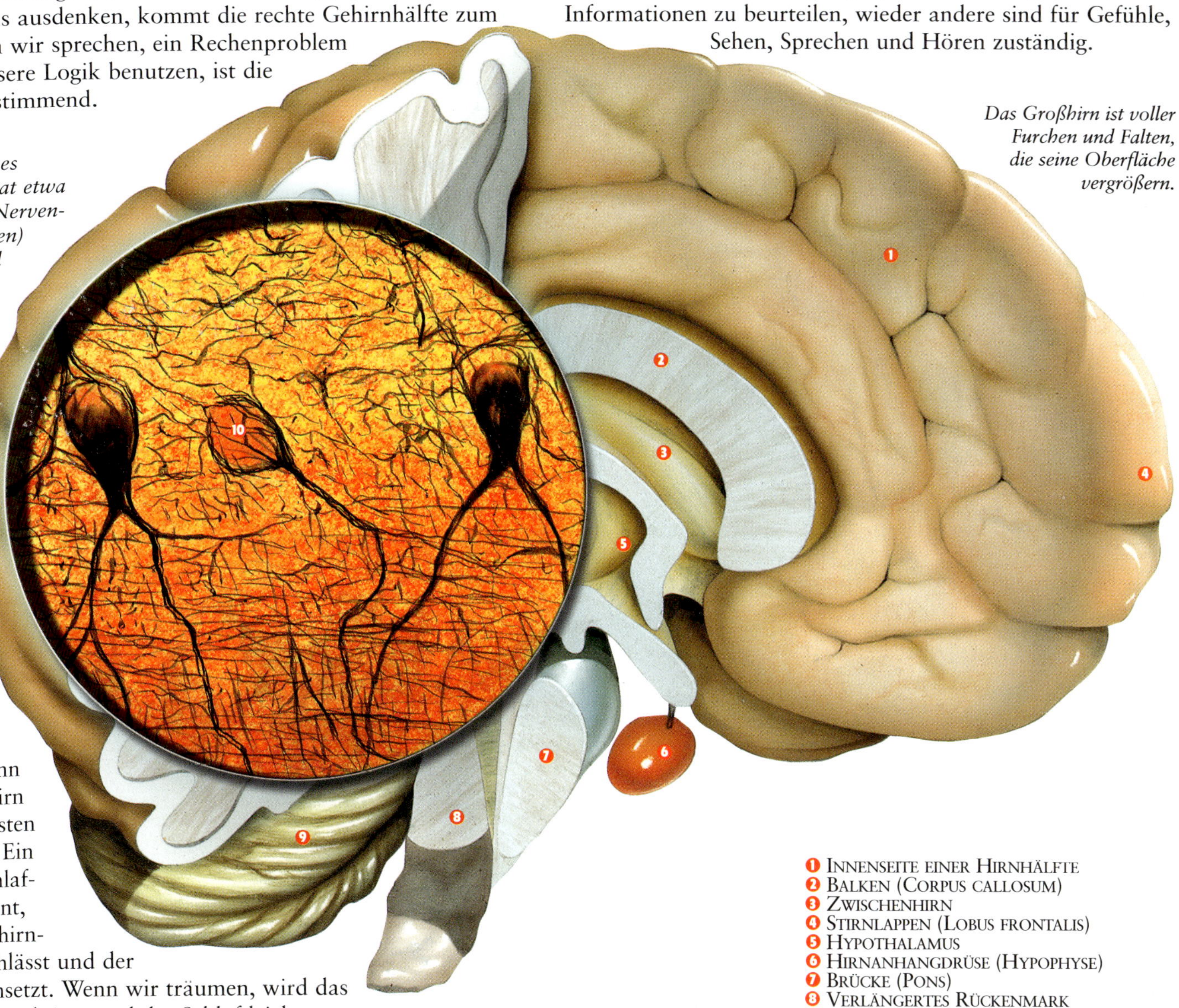

1 INNENSEITE EINER HIRNHÄLFTE
2 BALKEN (CORPUS CALLOSUM)
3 ZWISCHENHIRN
4 STIRNLAPPEN (LOBUS FRONTALIS)
5 HYPOTHALAMUS
6 HIRNANHANGDRÜSE (HYPOPHYSE)
7 BRÜCKE (PONS)
8 VERLÄNGERTES RÜCKENMARK
9 KLEINHIRN (CEREBELLUM)
10 NERVENZELLE (NEURON)

Schlaf

Im Schlaf kann sich das Gehirn für den nächsten Tag erholen. Ein normales Schlafmuster beginnt, wenn die Gehirntätigkeit nachlässt und der Tiefschlaf einsetzt. Wenn wir träumen, wird das Gehirn wieder aktiver und der Schlaf leichter. Dieses Muster wiederholt sich die ganze Nacht hindurch.

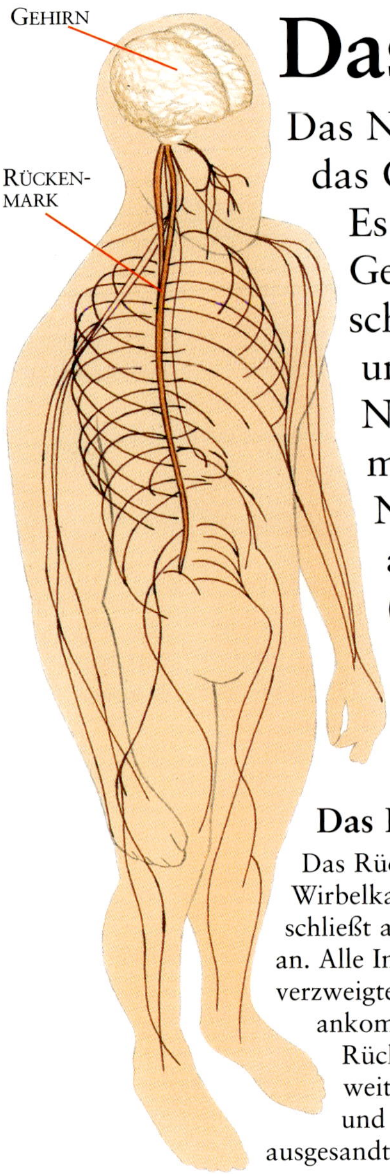

Das Nervensystem

Das Nervensystem ist ein Netzwerk aus Nerven, die das Gehirn mit allen Teilen des Körpers verbinden. Es leitet Informationen von Sinnesrezeptoren zum Gehirn, das die Informationen deutet und Botschaften über das Nervensystem an Muskeln und Organe zurücksendet. Der Kern des Nervensystems, das Gehirn und das Rückenmark, heißt Zentralnervensystem (ZNS). Das Netz von Nerven, das vom Rückenmark ausgeht, ist das periphere Nervensystem (PNS). Ein drittes System, das autonome Nervensystem (ANS), steuert automatische Funktionen wie den Herzschlag.

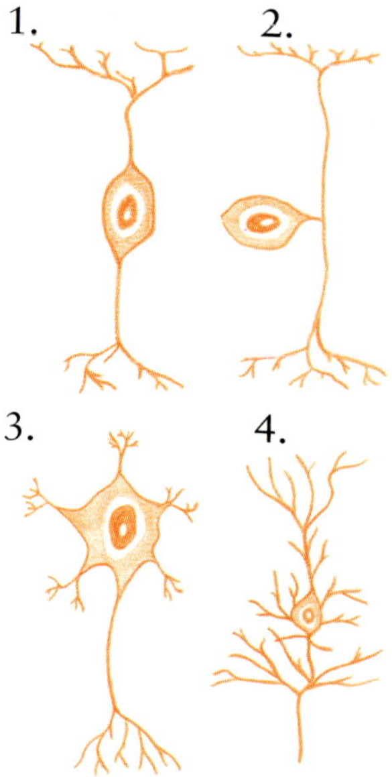

Es gibt vier Nervenzellen- oder Neuronentypen:
1. Interneuronen verbinden verschiedene Neuronen im Gehirn oder im Rückenmark.
2. Sensorische Neuronen bringen Botschaften von den Rezeptoren zum ZNS.
3. Motorische Neuronen bringen Signale vom ZNS zu den Muskeln.
4. Rezeptoren nehmen die Umwelt wahr und wandeln die Botschaften in elektrochemische Botschaften um, die dann über sensorische Neuronen zum ZNS übermittelt werden.

Das Rückenmark

Das Rückenmark verläuft im Wirbelkanal der Wirbelsäule und schließt am Hirnstamm an das Gehirn an. Alle Informationen, die aus dem verzweigten Nervennetz des Körpers ankommen, werden durch das Rückenmark zum Gehirn weitergeleitet, wo sie gedeutet und die erforderlichen Befehle ausgesandt werden.

Peripheres Nervensystem

Das periphere Nervensystem hat zwei Hauptnervenstränge: die 12 Hirnnerven im Kopf und die 31 Nervenpaare des Rückenmarks. Zahlreiche andere Nerven zweigen von diesen Nerven ab, verlaufen zwischen den Organen und reichen bis in die Spitzen von Fingern und Zehen.

Reflexe

Wenn der Arzt mit einem Hammer sanft unter der Kniescheibe gegen dein Knie schlägt, folgt eine ruckartige „Reflexbewegung". Das geschieht, weil das Rückenmark eine Botschaft über motorische Neuronen an den Beinmuskel schickt, damit er sich zusammenzieht, noch bevor die Botschaft im Gehirn angekommen ist.

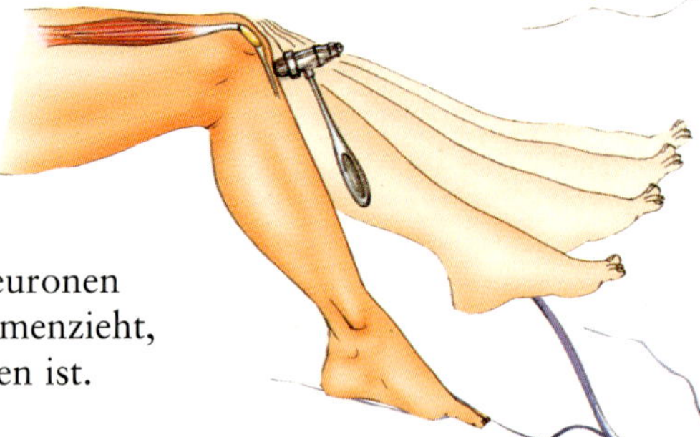

RÜCKENMARK

Das Rückenmark wird durch die knöchernen Wirbelkörper, aus denen die Wirbelsäule besteht, geschützt.

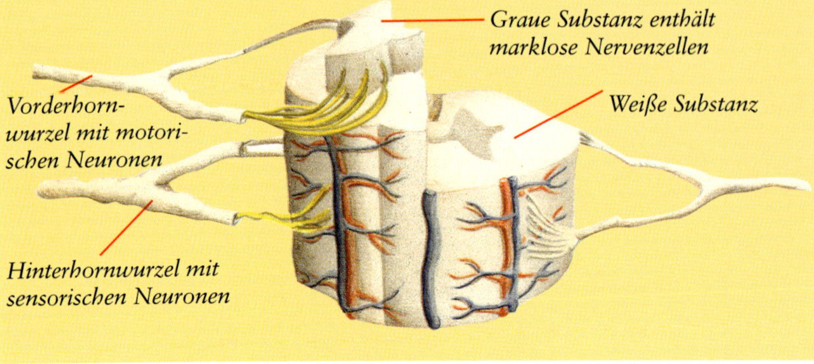

Neuronen

Nerven bestehen aus Zellen, die Neuronen heißen. Neuronen haben Fortsätze, die Dendriten und Axone. Axone leiten Informationen vom Zellkörper weg. Meist gibt es nur ein Axon pro Zelle. Die langen Axone verzweigen sich erst an ihrem Ende. Sie haben eine glatte Oberfläche und sind mit einer Myelinscheide (die die Leitgeschwindigkeit der Nervenimpulse erhöht) umgeben. Dendriten mit rauer Oberfläche leiten Informationen an den Zellkörper weiter. Eine Zelle enthält viele Dendriten; sie verzweigen sich kurz nach ihrem Austritt aus dem Zellkörper.

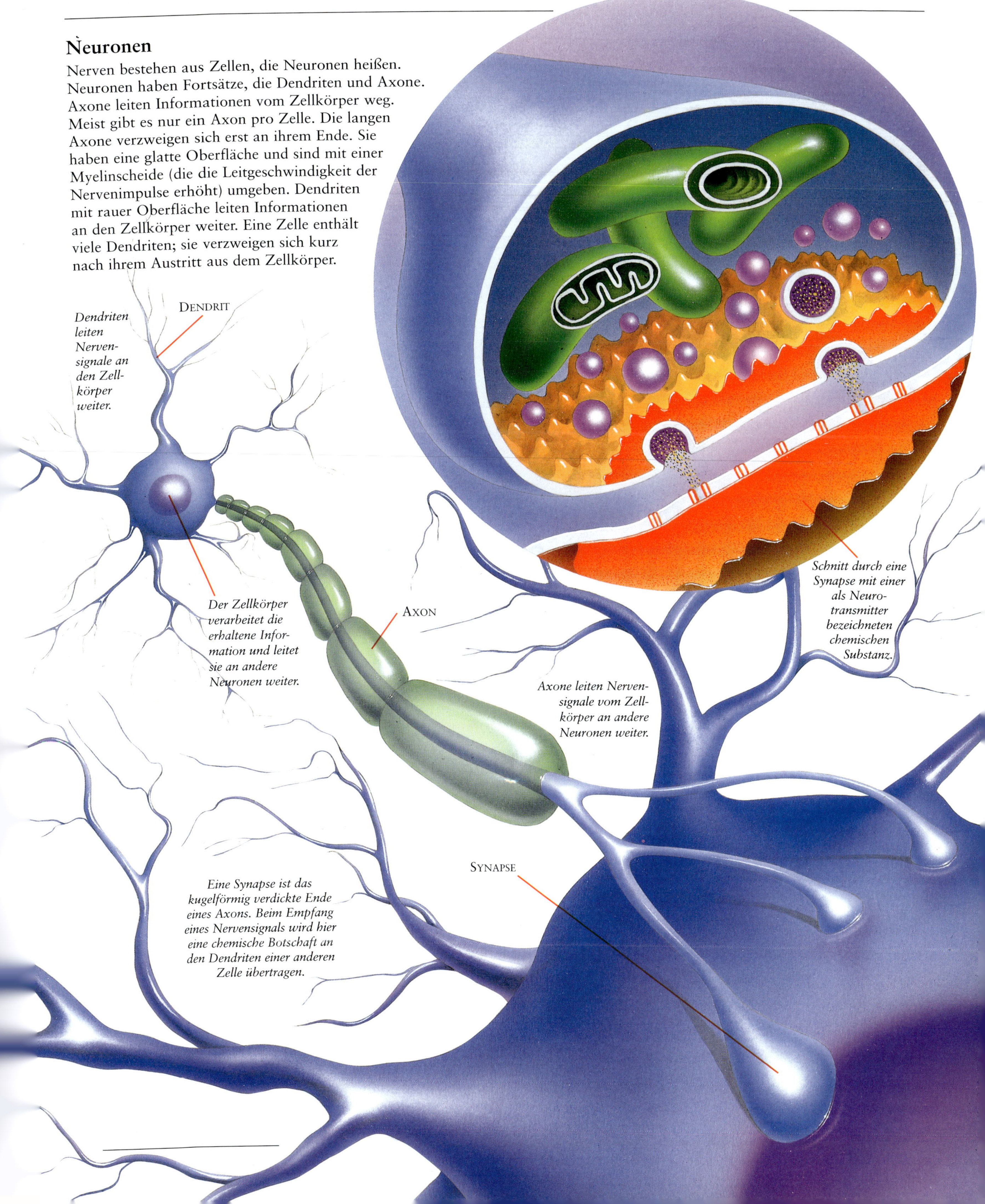

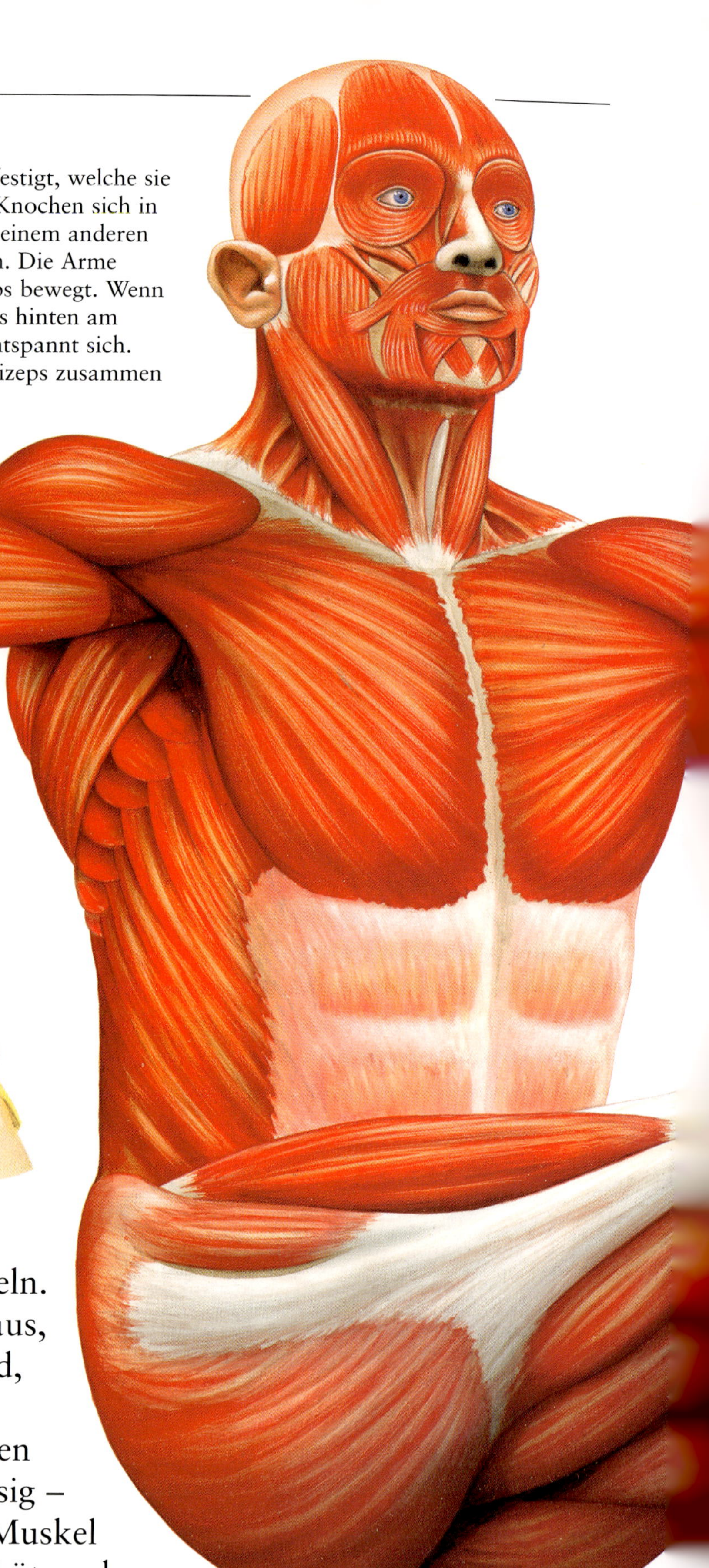

Ein Turner trainiert seine Muskeln an den Ringen. Muskeln bedecken fast die gesamte Oberfläche des menschlichen Körpers.

Wie Muskeln arbeiten

Die meisten Muskeln sind an Knochen befestigt, welche sie nur in eine Richtung bewegen. Damit der Knochen sich in eine andere Richtung bewegt, muss er von einem anderen Muskel, dem Gegenspieler, gezogen werden. Die Arme werden zum Beispiel von Trizeps und Bizeps bewegt. Wenn wir den Arm strecken, zieht sich der Trizeps hinten am Oberarm zusammen und der Bizeps vorn entspannt sich. Wenn wir den Arm beugen, zieht sich der Bizeps zusammen und der Trizeps erschlafft.

Gesichter schneiden

Grimassen zeigen unsere Gefühle und sind eine auf der ganzen Welt verständliche Sprache – wir alle wissen, was ein Lächeln oder Stirnrunzeln bedeuten, unabhängig von der Nationalität. Wenn wir lächeln, sind 17 Gesichtsmuskeln im Einsatz; wenn wir die Stirn runzeln, sind es 43. Gesichtsmuskeln bewegen nicht wie andere Muskeln Knochen, sondern Haut.

Muskeln

Der menschliche Körper hat ungefähr 640 Muskeln. Sie machen etwa zwei Fünftel unseres Gewichts aus, verbrauchen rund 20 Prozent unserer Energie und, was am wichtigsten ist, sie sind für alle unsere Bewegungen verantwortlich. Sie liegen in Schichten direkt unter der Haut. Muskeln arbeiten unablässig – ob wir turnen, lesen, laufen oder schreiben. Ein Muskel besteht aus tausenden von Fasern, die in einer schützenden Hülle gebündelt sind, in der sich Blutgefäße und Nerven befinden. Die Muskelfasern können bis zu 30 cm lang sein und gehören zu den längsten Zellen im Körper. Je mehr ein Muskel arbeitet, desto stärker wird er; darum haben alle, die regelmäßig Sport treiben, eine ausgeprägtere Muskulatur als andere, die nicht trainieren.

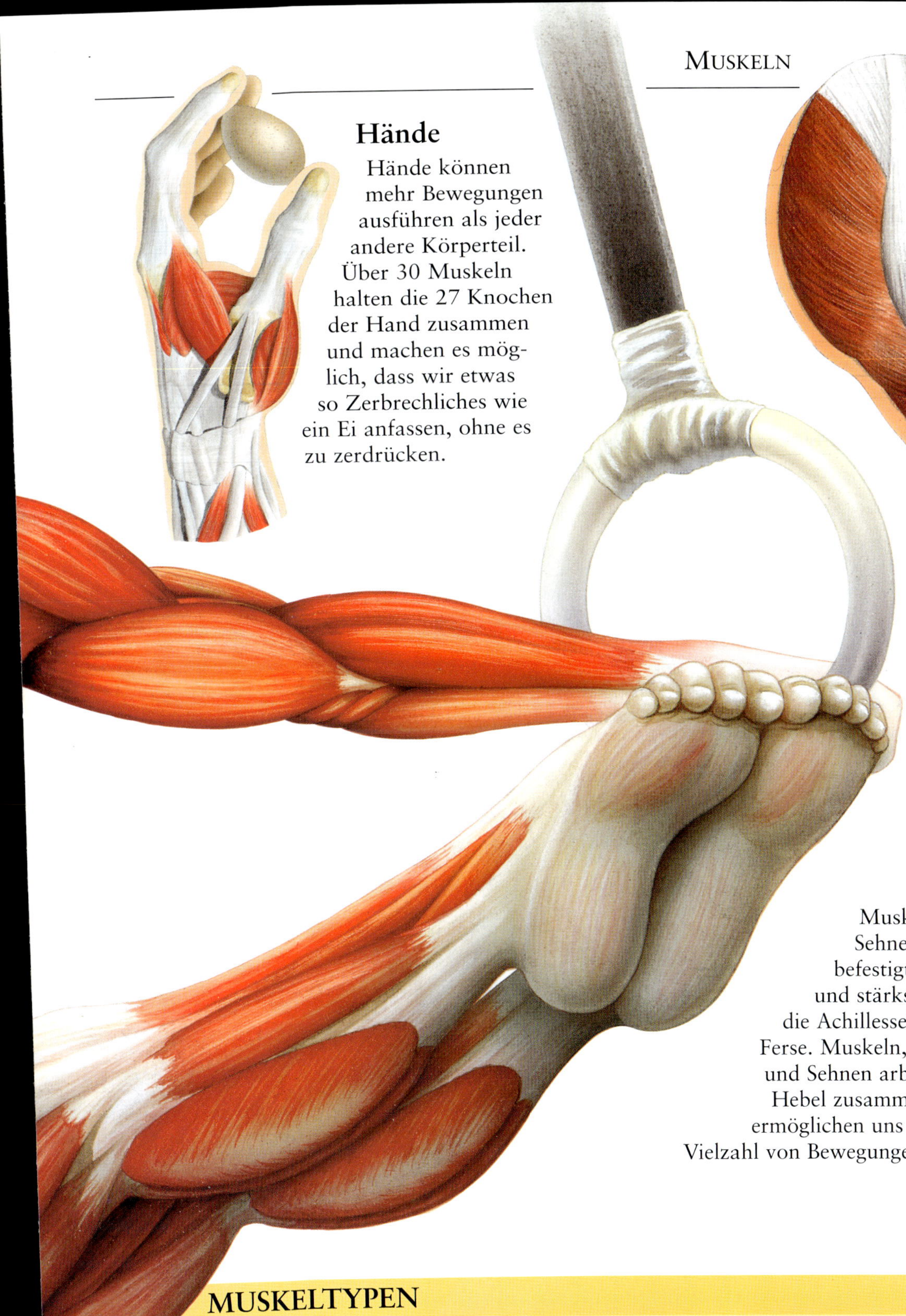

Hände

Hände können mehr Bewegungen ausführen als jeder andere Körperteil. Über 30 Muskeln halten die 27 Knochen der Hand zusammen und machen es möglich, dass wir etwas so Zerbrechliches wie ein Ei anfassen, ohne es zu zerdrücken.

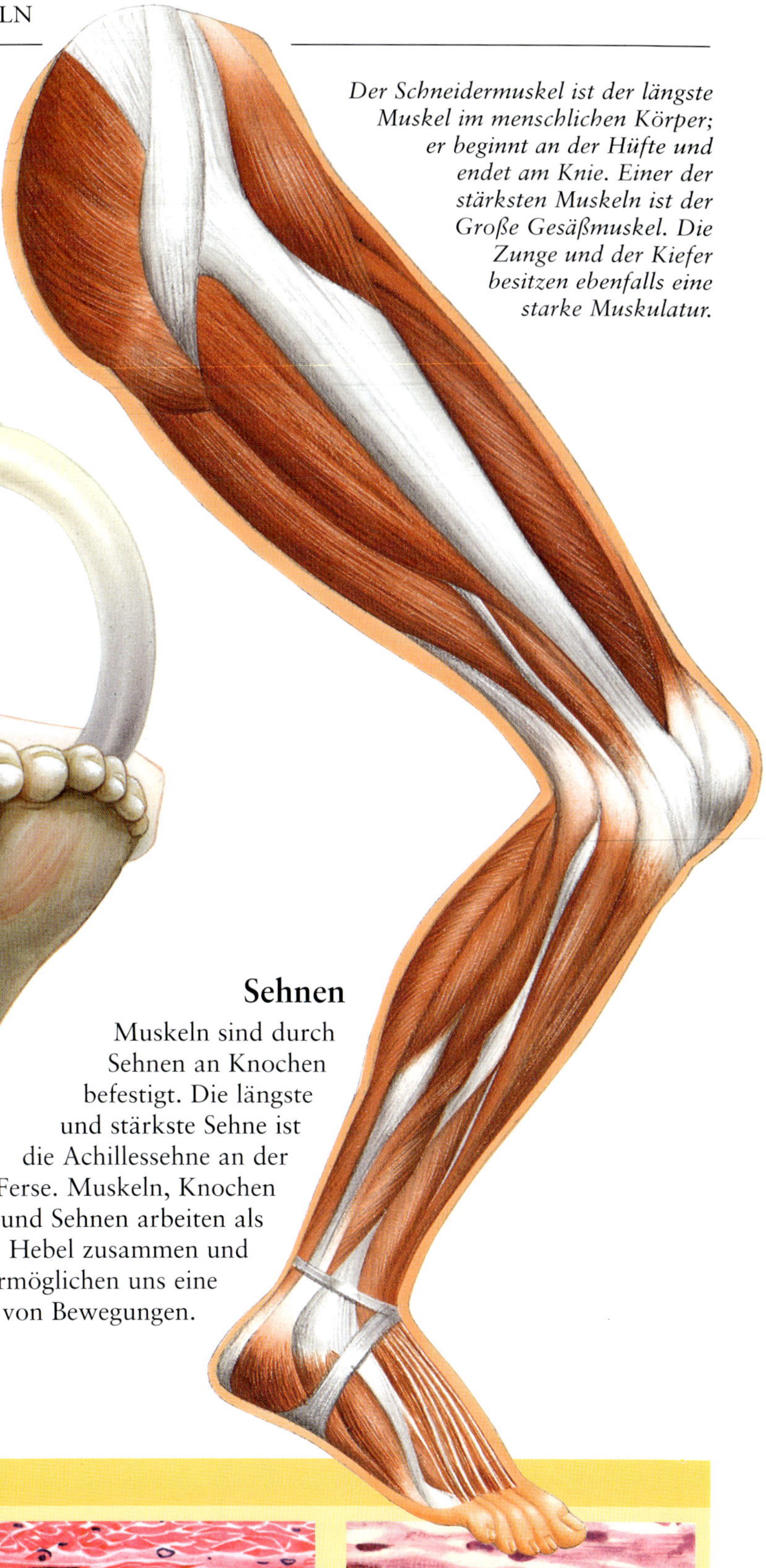

Der Schneidermuskel ist der längste Muskel im menschlichen Körper; er beginnt an der Hüfte und endet am Knie. Einer der stärksten Muskeln ist der Große Gesäßmuskel. Die Zunge und der Kiefer besitzen ebenfalls eine starke Muskulatur.

Sehnen

Muskeln sind durch Sehnen an Knochen befestigt. Die längste und stärkste Sehne ist die Achillessehne an der Ferse. Muskeln, Knochen und Sehnen arbeiten als Hebel zusammen und ermöglichen uns eine Vielzahl von Bewegungen.

MUSKELTYPEN

Es gibt drei Muskelarten im Körper:

1. Skelettmuskeln halten Knochen zusammen, bewegen sie und formen den Körper.
2. Glatte Muskeln halten verschiedene Organe oder Gewebe in Gang.
3. Der Herzmuskel zieht sich zusammen und erschlafft wieder und erzeugt so den Herzschlag.

SKELETTMUSKELN werden auch willkürliche Muskeln genannt, weil das Gehirn sie steuert. Diese Muskeln arbeiten als Gegenspieler und ermöglichen unsere Bewegungen. Muskeln wie diese sind in den Armen und Beinen zu finden.

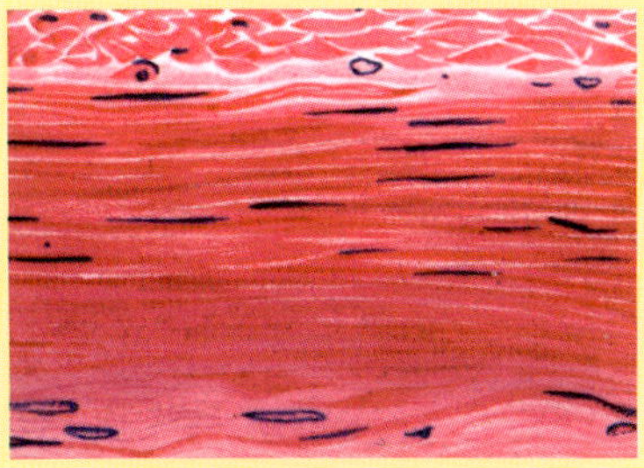

GLATTE MUSKELN finden sich in inneren Organen, wie dem Magen und dem Darm. Signale vom Gehirn sorgen dafür, dass diese Muskeln automatisch arbeiten, weshalb sie oft auch unwillkürliche Muskeln genannt werden.

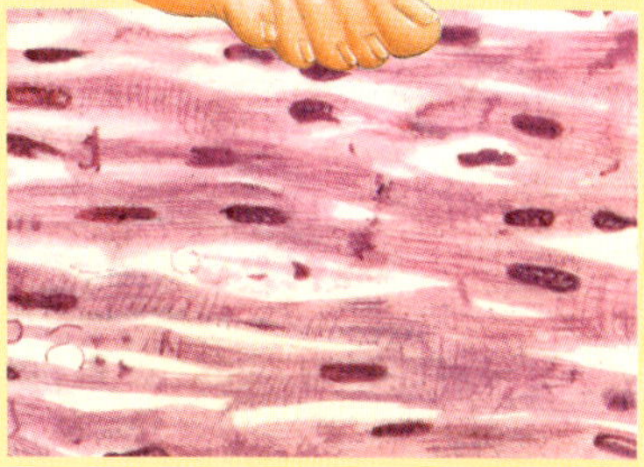

DER HERZMUSKEL ist ein unwillkürlicher Muskel. Wenn er sich zusammenzieht, wird Blut aus dem Herzen in die Arterien gedrückt. Das Gehirn sendet Signale an den Herzmuskel, damit er sich schneller oder langsamer zusammenzieht.

Kreislaufpumpe

Das Herz erfüllt die lebenswichtige Aufgabe, Blut durch den Körper zu pumpen. Blut versorgt nicht nur Organe und Muskeln mit Nährstoffen und Sauerstoff, sondern schützt uns auch vor Krankheiten. Das Herz ist mit dem übrigen Körper über ein vielfach verzweigtes Netz von Blutgefäßen verbunden: Arterien (die Blut vom Herzen wegtransportieren), Venen (die Blut zum Herzen zurückbringen) und winzigen, verzweigten Kapillaren. Aneinander gelegt würden die Blutgefäße des Körpers 100 000 km lang sein!

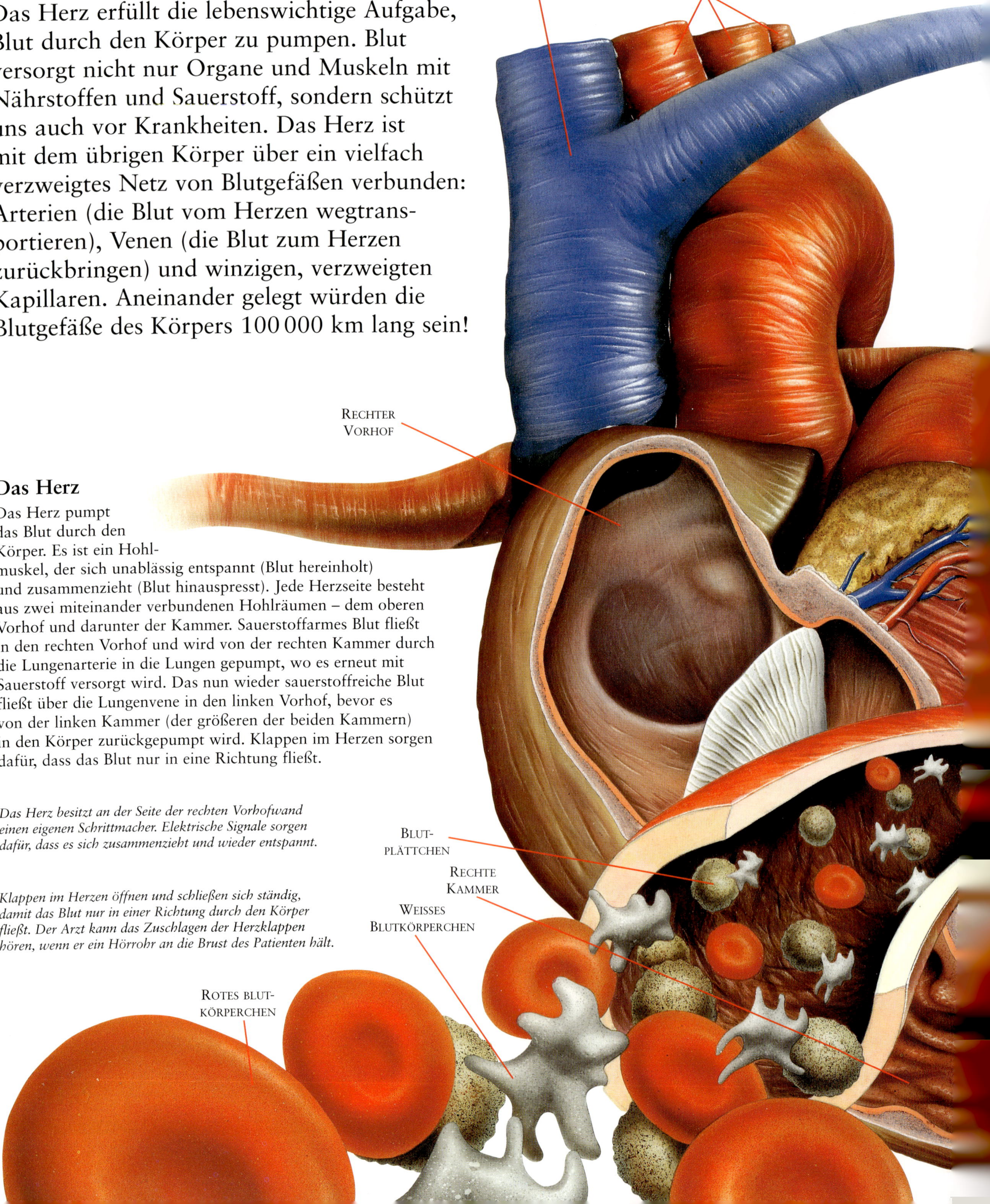

Das Herz

Das Herz pumpt das Blut durch den Körper. Es ist ein Hohlmuskel, der sich unablässig entspannt (Blut hereinholt) und zusammenzieht (Blut hinauspresst). Jede Herzseite besteht aus zwei miteinander verbundenen Hohlräumen – dem oberen Vorhof und darunter der Kammer. Sauerstoffarmes Blut fließt in den rechten Vorhof und wird von der rechten Kammer durch die Lungenarterie in die Lungen gepumpt, wo es erneut mit Sauerstoff versorgt wird. Das nun wieder sauerstoffreiche Blut fließt über die Lungenvene in den linken Vorhof, bevor es von der linken Kammer (der größeren der beiden Kammern) in den Körper zurückgepumpt wird. Klappen im Herzen sorgen dafür, dass das Blut nur in eine Richtung fließt.

Das Herz besitzt an der Seite der rechten Vorhofwand einen eigenen Schrittmacher. Elektrische Signale sorgen dafür, dass es sich zusammenzieht und wieder entspannt.

Klappen im Herzen öffnen und schließen sich ständig, damit das Blut nur in einer Richtung durch den Körper fließt. Der Arzt kann das Zuschlagen der Herzklappen hören, wenn er ein Hörrohr an die Brust des Patienten hält.

Blut

Blut fließt durch alle Zellen des Körpers und versorgt sie mit lebenswichtigen Nährstoffen und Sauerstoff. Auf seinem Weg nimmt das Blut unerwünschtes Kohlendioxid auf und transportiert es zu den Lungen, wo es ausgeatmet wird. Die beiden Hauptbestandteile des Blutes sind Blutplasma und Blutzellen: Blutplättchen (1 Prozent des Blutes), weiße Blutkörperchen und rote Blutkörperchen (44 Prozent des Blutes). Rote Blutkörperchen transportieren Sauerstoff. Im Durchschnitt hat ein Mensch ungefähr fünf Liter Blut.

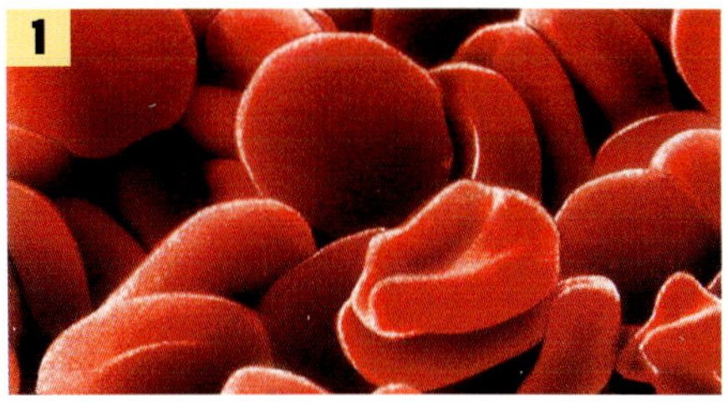

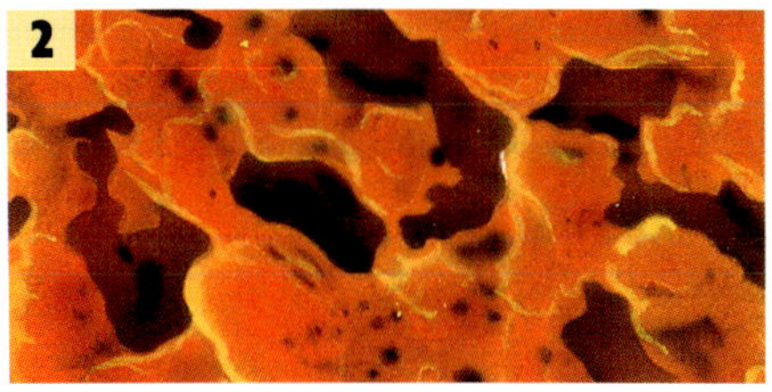

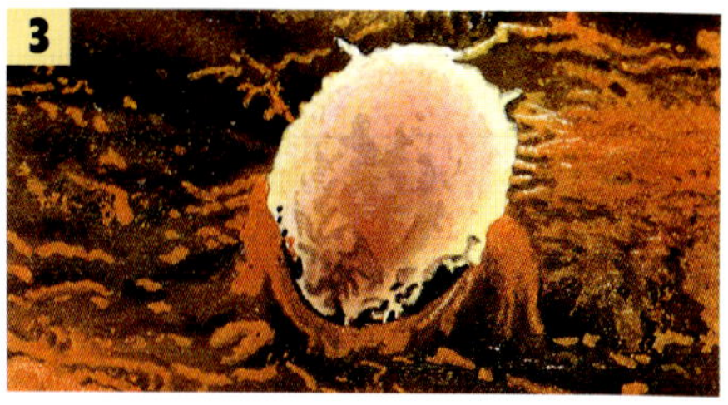

Rote Blutkörperchen (1) transportieren Sauerstoff zu den Organen. Der chemische Stoff im Blut, der Sauerstoff aufnimmt und gegen Kohlendioxid austauscht, ist das Hämoglobin. Weiße Blutkörperchen (2) wehren eingedrungene Viren und Bakterien ab. Blutplättchen (3) lassen das Blut gerinnen.

Der Herzmuskel braucht Sauerstoff, den er von seiner eigenen Blutversorgung, den Herzkranzgefäßen, erhält.

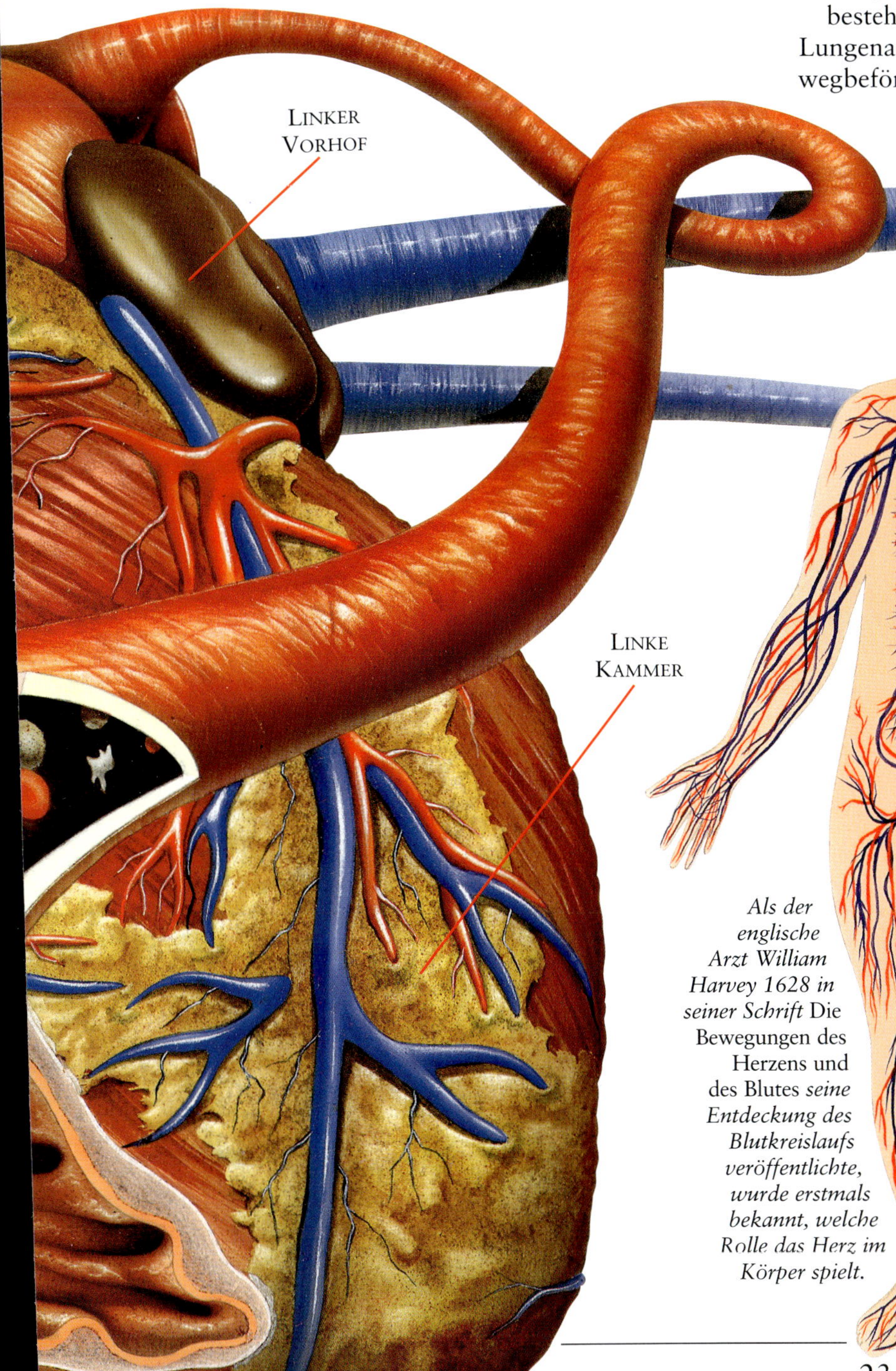

Blutgefäße

Blutgefäße bilden ein weit verzweigtes Netz, durch das Blut im ganzen Körper verteilt wird. Dieses Netz besteht aus Arterien (die, mit Ausnahme der Lungenarterie, sauerstoffreiches Blut vom Herzen wegbefördern) und Venen (die sauerstoffarmes Blut zum Herzen zurückbringen). Arterien und Venen sind durch winzige Blutgefäße, die Kapillaren, miteinander verbunden.

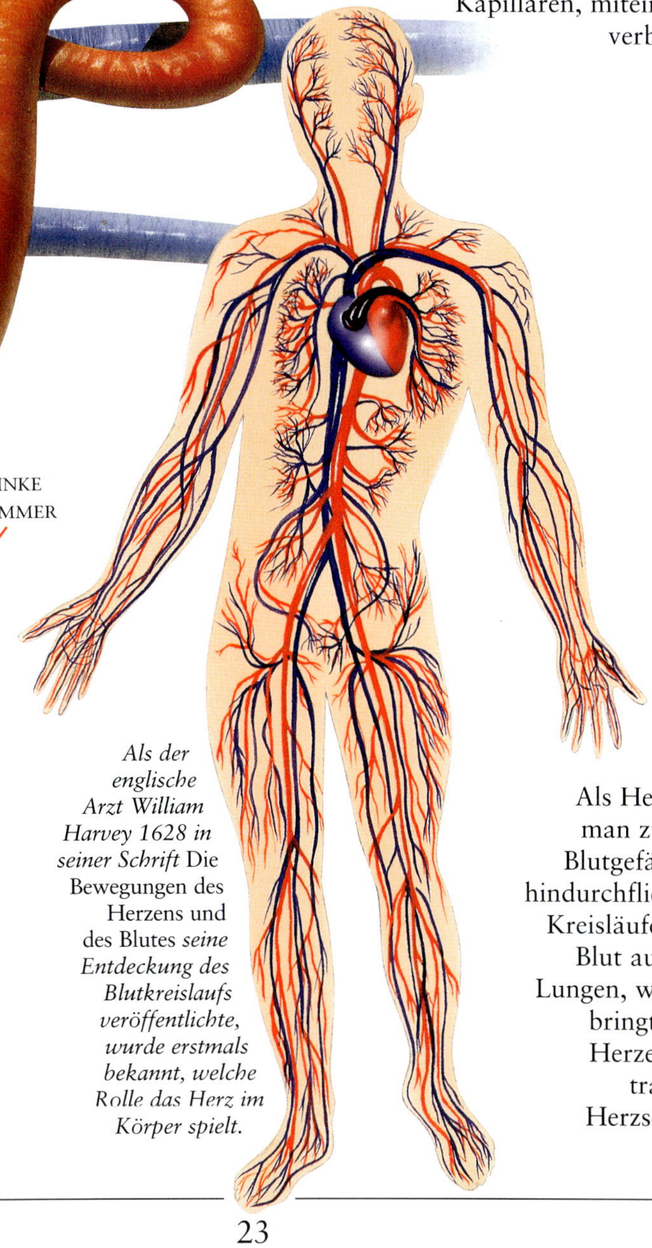

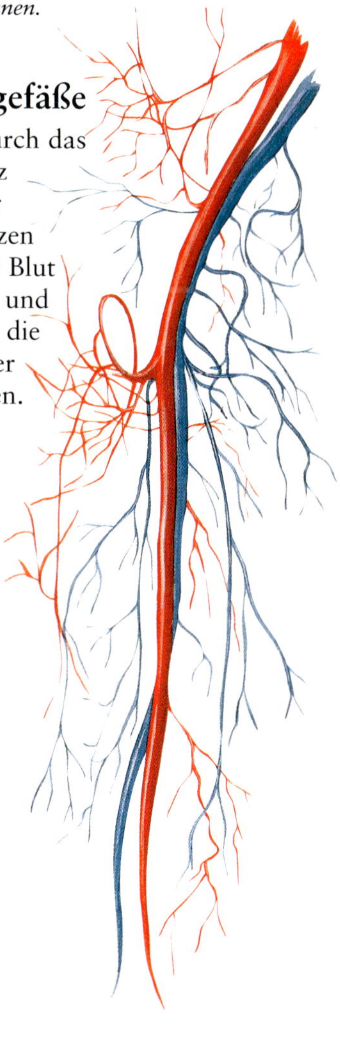

Als der englische Arzt William Harvey 1628 in seiner Schrift Die Bewegungen des Herzens und des Blutes *seine Entdeckung des Blutkreislaufs veröffentlichte, wurde erstmals bekannt, welche Rolle das Herz im Körper spielt.*

Herz-Kreislauf-System

Als Herz-Kreislauf-System bezeichnet man zusammenfassend das Herz, die Blutgefäße und das Blut, das durch sie hindurchfließt. Das Blut zirkuliert in zwei Kreisläufen. Der Lungenkreislauf bringt Blut aus der rechten Herzseite zu den Lungen, wo es Sauerstoff aufnimmt, und bringt das sauerstoffreiche Blut zum Herzen zurück. Der Körperkreislauf transportiert Blut von der linken Herzseite durch den übrigen Körper.

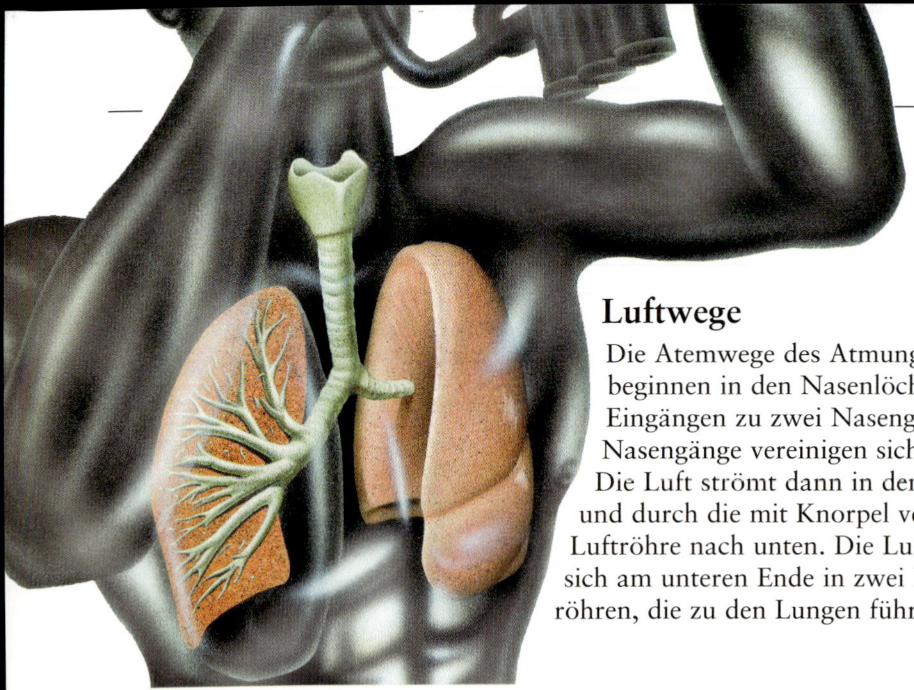

Luftwege

Die Atemwege des Atmungssystems beginnen in den Nasenlöchern, den Eingängen zu zwei Nasengängen. Die Nasengänge vereinigen sich im Rachen. Die Luft strömt dann in den Kehlkopf und durch die mit Knorpel verstärkte Luftröhre nach unten. Die Luftröhre teilt sich am unteren Ende in zwei Bronchialröhren, die zu den Lungen führen.

Bronchialbaum

Das System aus Atemwegen, das die Lungen durchzieht, wird oft Bronchialbaum genannt. Die beiden wichtigsten Luftwege (Bronchien) verzweigen sich nach links und rechts und verästeln sich immer mehr. Die kleinsten Äste heißen Bronchiolen.

Der Atem des Lebens

Unser Körper braucht eine ständige Versorgung mit Sauerstoff. Wir beziehen ihn aus der Luft, die zu rund 21 Prozent aus Sauerstoff besteht und von uns mithilfe des Atmungssystems eingeatmet wird. Über Atemwege gelangt Luft zu den Lungen. Dort wird der in der Atemluft enthaltene Sauerstoff in das Blut abgegeben. Sauerstoffreiches Blut wird dann vom Herzen durch den Körper gepumpt. Wenn wir ausatmen, geben wir Kohlendioxid ab, das schädlich für uns wäre, wenn es im Körper verbliebe. Ausgeatmete Luft enthält 100-mal mehr Kohlendioxid und halb so viel Sauerstoff wie eingeatmete Luft.

Tief einatmen

Wenn wir durch die Nase einatmen, strömt Luft durch die Nasenhöhle. In der Nase filtern winzige Härchen Staubteilchen aus der Luft. Dann wird die Atemluft in den Nebenhöhlen erwärmt, bevor sie in den Rachen strömt. Wenn wir einatmen, ziehen sich unsere Brustmuskeln zusammen und bewegen dadurch unsere Rippen auf und ab. Unser Zwerchfell – eine nach oben gewölbte Muskelwand zwischen Brust- und Bauchraum – flacht ab. Dadurch erweitert sich der Brustraum, sodass die Lungen mehr Platz haben. Wenn wir ausatmen, passiert das Gegenteil – die Rippenmuskeln und das Zwerchfell entspannen sich und Luft strömt aus den Lungen.

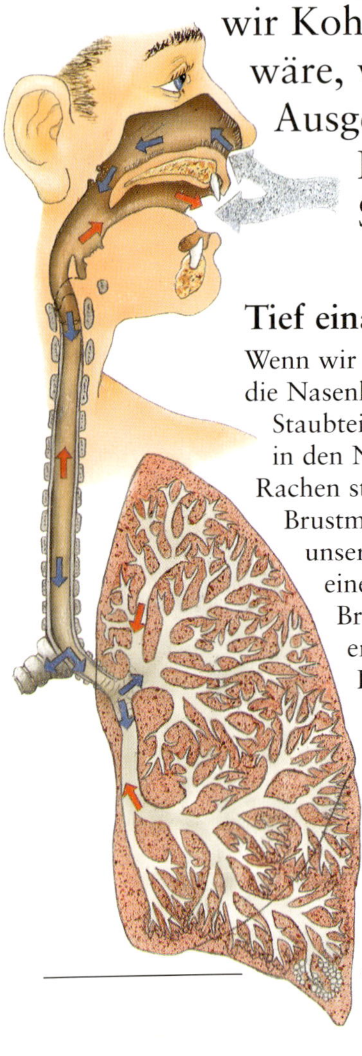

Ein Netz aus Atemwegen leitet die Luft von außen zu den Lungen.

Lungenbläschen

Die kleinsten Äste des Bronchialbaums, die Bronchiolen, enden in sackförmigen Lungenbläschen (Alveolen). Die Alveolen sind von einem dichten Netz von Kapillaren umsponnen. Wenn sich rote Blutkörperchen durch die Kapillaren zwängen, nehmen sie Sauerstoff auf und geben Kohlendioxid ab.

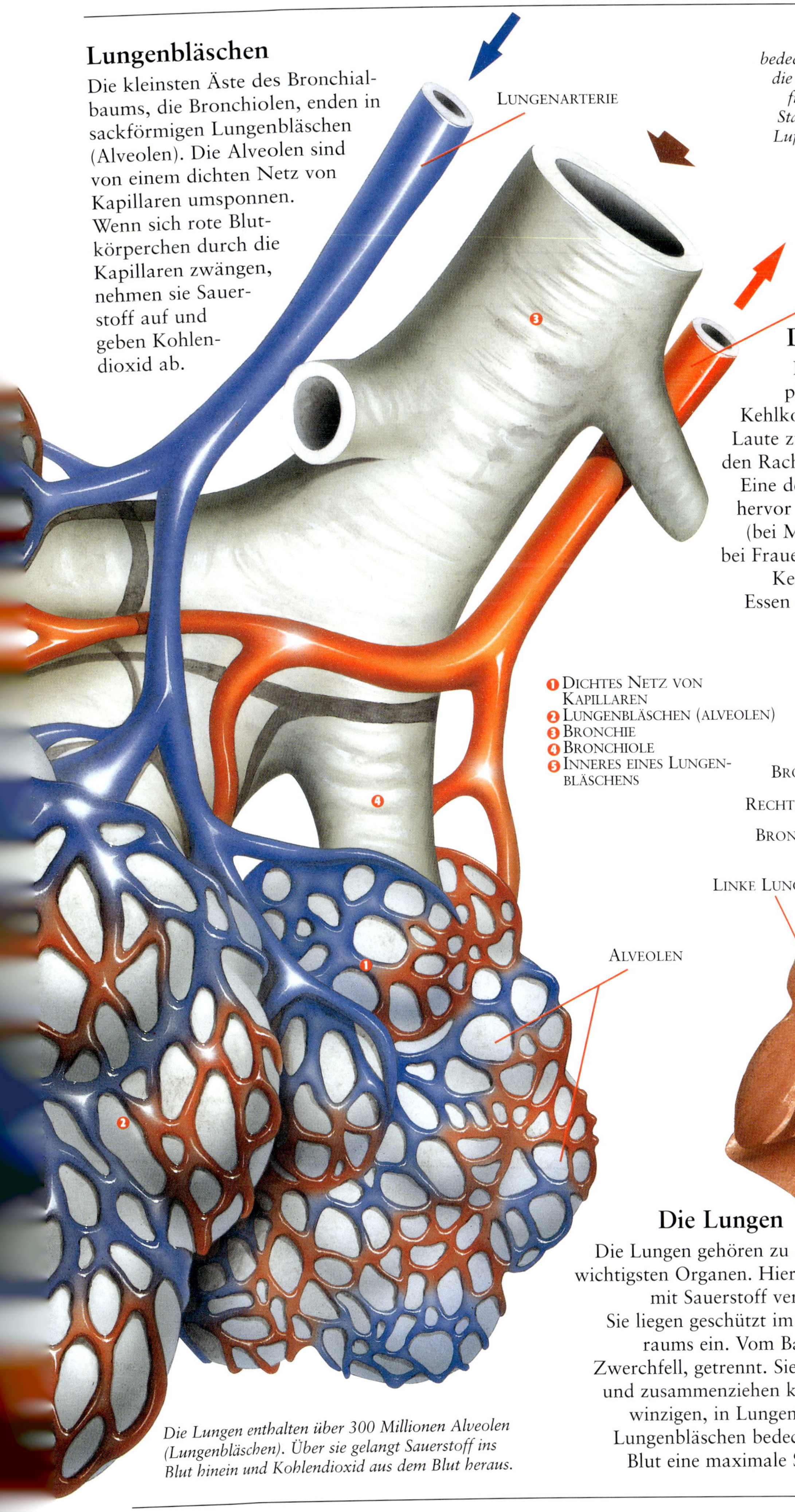

Die Lungen enthalten über 300 Millionen Alveolen (Lungenbläschen). Über sie gelangt Sauerstoff ins Blut hinein und Kohlendioxid aus dem Blut heraus.

Winzige, mit Schleim bedeckte Härchen kleiden die Nase innen aus und filtern Schmutz- und Staubteilchen aus der Luft, bevor sie in die Lungen strömt.

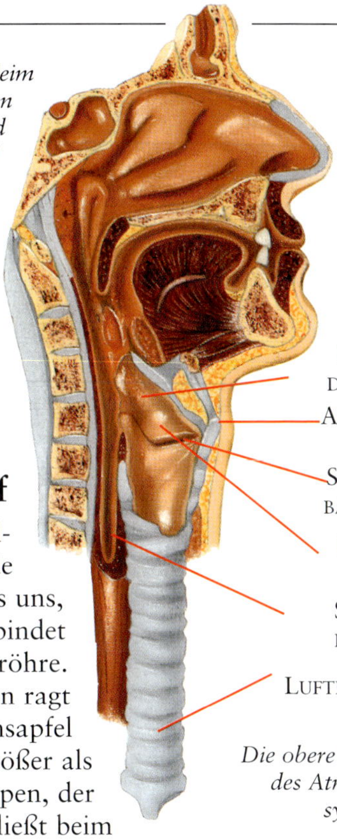

Die obere Hälfte des Atmungssystems.

Der Kehlkopf

Der aus Knorpelplatten bestehende Kehlkopf ermöglicht es uns, Laute zu bilden. Er verbindet den Rachen mit der Luftröhre. Eine der Knorpelplatten ragt hervor und heißt Adamsapfel (bei Männern ist er größer als bei Frauen). Ein Hautlappen, der Kehldeckel, verschließt beim Essen die Luftröhre, damit wir uns nicht verschlucken.

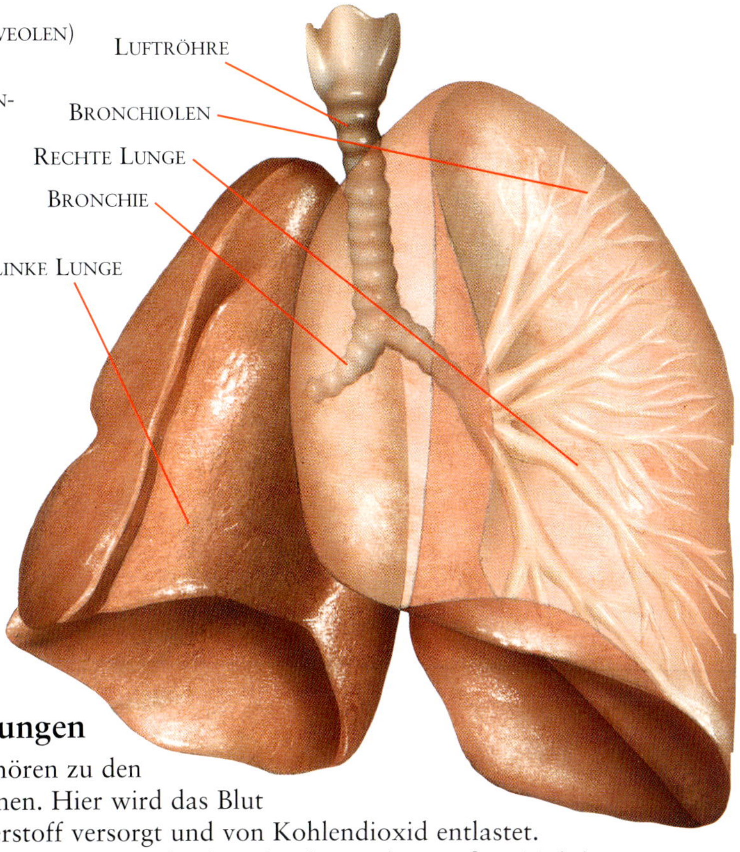

Die Lungen

Die Lungen gehören zu den wichtigsten Organen. Hier wird das Blut mit Sauerstoff versorgt und von Kohlendioxid entlastet. Sie liegen geschützt im Brustkorb und nehmen den größten Teil des Brustraums ein. Vom Bauchraum werden sie durch eine Muskelwand, dem Zwerchfell, getrennt. Sie bestehen aus elastischem Gewebe, das sich dehnen und zusammenziehen kann, und sind leicht und schwammartig, da sie von winzigen, in Lungenbläschen endenden Atemwegen ausgefüllt sind. Die Lungenbläschen bedecken eine große Fläche, sodass das vorbeiströmende Blut eine maximale Sauerstoffmenge in kürzester Zeit aufnehmen kann.

Augen und Ohren

Mit unseren Augen sehen und den Ohren hören wir. Die Augen enthalten etwa 70 Prozent der Sinneszellen des Körpers, doch obwohl sie für das Sehen sehr wichtig sind, funktionieren sie nicht ganz allein. Auch das Gehirn spielt dabei eine große Rolle. Sinneszellen in den Augen reagieren auf alles und senden Nervenimpulse an das Gehirn. Das Gehirn wandelt diese Nervenimpulse in Bilder um – die Dinge, die wir sehen. Das Hören hängt ebenfalls mit dem Gehirn zusammen. Das Ohr empfängt Schallwellen, die durch den Gehörgang zur Schnecke gelangen. Zellen in der Schnecke senden Signale andas Gehirn, das sie in Töne umwandelt.

Wie wir sehen

Das von einem Gegenstand zurückgeworfene Licht fällt durch die Hornhaut und die Linse und wirft ein umgekehrtes Bild auf die Netzhaut im Augenhintergrund. Die Netzhaut besteht aus Millionen lichtempfindlicher Zellen, den Stäbchen und Zapfen. Mit den Stäbchen sehen wir hell und dunkel, mit den Zapfen farbig. Diese Zellen senden Signale über den Sehnerv (der aus über einer Million Nervenfasern besteht) zum Gehirn, das das Bild richtig herum zeigt.

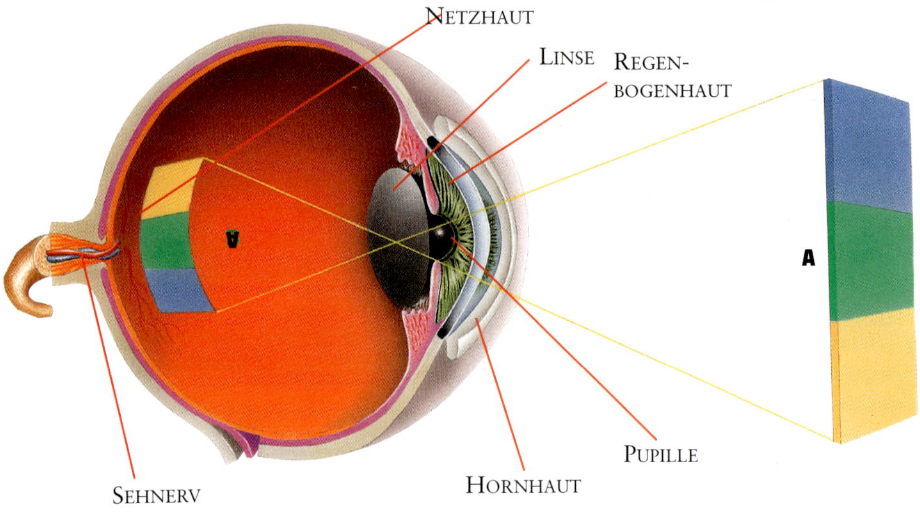

Fast 80 Prozent des Augapfels sind nicht zu sehen und liegen im Schutz einer Höhle im Schädel.

Regenbogenhaut und Pupille

Der farbige Teil eines Auges heißt Regenbogenhaut oder – nach der griechischen Regenbogengöttin – Iris. Die Iris enthält ein Melanin genanntes Pigment. Augen mit viel Melanin sind braun, solche mit wenig blau oder grün. In der Mitte der Regenbogenhaut ist ein rundes, schwarzes Sehloch, die Pupille. Wenn sich Muskeln in der Iris zusammenziehen, weitet sich die Pupille, sodass mehr Licht ins Auge fällt. Wenn sie sich entspannen, verengt sich die Pupille und lässt weniger Licht hindurch.

Der Augapfel

Der sichtbare Teil des Augapfels ist die Hornhaut. Sie wird geschützt von den Augenbrauen, die verhindern, dass Schweiß in die Augen tropft, und den Augenwimpern, die Staubteilchen fern halten. Der Augapfel wird beim Blinzeln (etwa alle zehn Sekunden) mit Tränen gereinigt. Tränen enthalten Chemikalien, die Krankheitskeime abtöten.

Die Linse

Ein Muskelring stellt die Form der Linse ein. Die Linse wird dicker, wenn sie Licht von nahen Gegenständen bündelt, und dünner beim Bündeln von Licht von weiter entfernten Gegenständen.

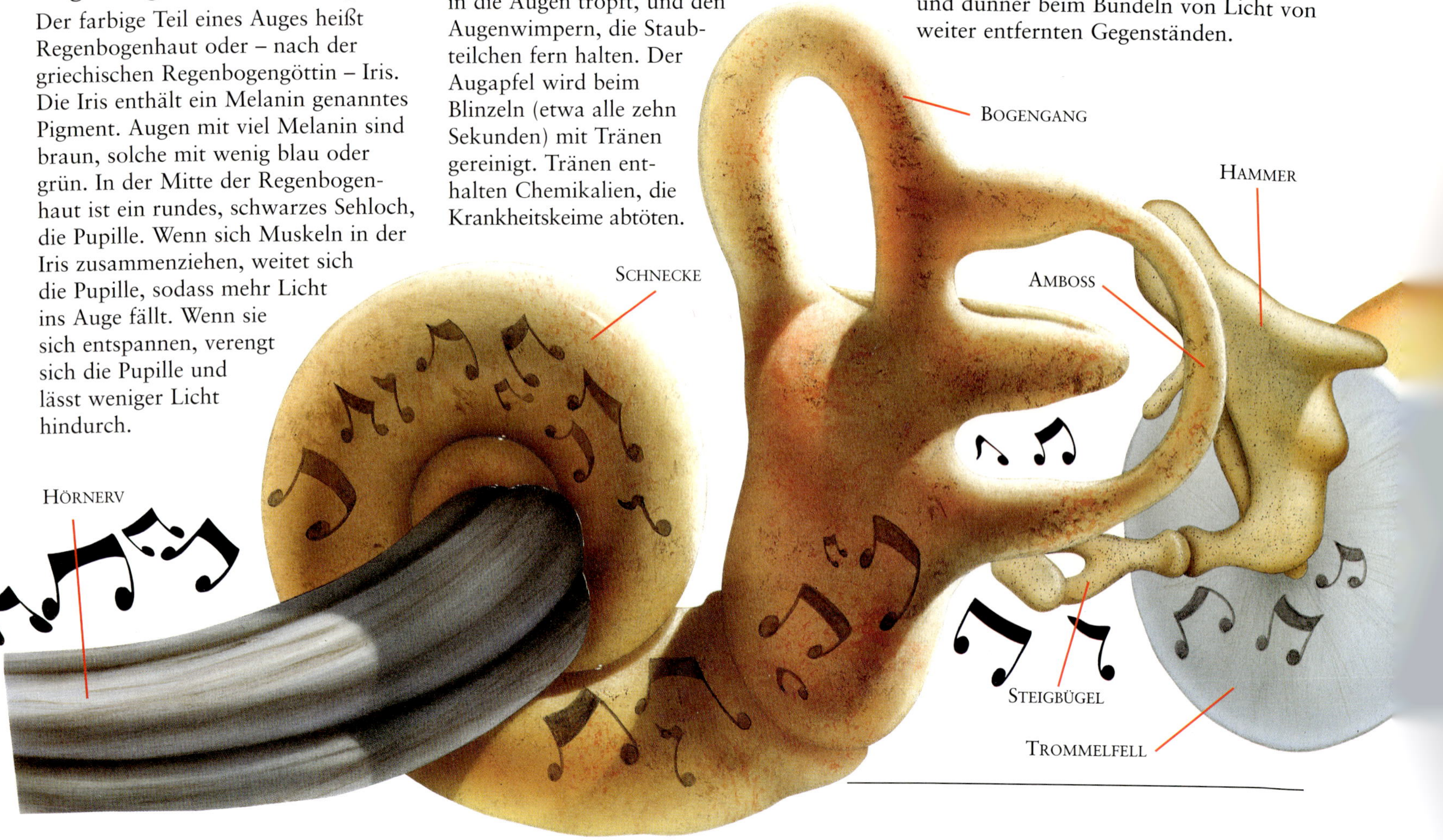

Das Außen-, Mittel- und Innenohr

Das Ohr hat drei Abschnitte: das Außenohr, das Mittelohr und das Innenohr. Das Außenohr ist die Ohrmuschel. Sie nimmt die Schallwellen aus der Außenwelt auf und leitet sie durch den Gehörgang in das Mittelohr. Hier treffen die Schallwellen auf ein straff gespanntes Stückchen Haut, das Trommelfell, das zu schwingen beginnt. Die Schwingungen übertragen sich auf drei winzige Gehörknöchelchen: den Hammer, den Amboss und den Steigbügel. Wenn dieser sich bewegt, bringt er einen spiralig gewundenen, mit Flüssigkeit gefüllten Gang, die Schnecke, im Innenohr zum Schwingen.

Hörbereich

Unser Ohr hat die Fähigkeit, eine große Vielfalt an Tönen wahrzunehmen. Die Höhe eines Tons wird in Hertz (Hz) angegeben und hängt von der Frequenz (Schwingungen pro Sekunde) ab. Als Kind können wir Frequenzen zwischen 20 Hz und 200 Hz hören. Wenn wir älter werden, wird es schwieriger, so hohe Frequenzen wahrzunehmen. Fledermäuse dagegen können Töne bis 1 200 Hz hören!

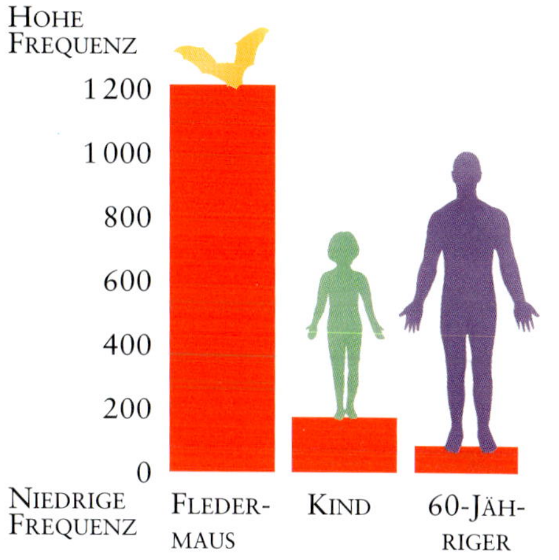

Schwingungen in Töne umwandeln

Wenn die von den Gehörknöchelchen im Mittelohr erzeugten Schwingungen auf die Schnecke treffen, lösen sie Druckwellen in der Flüssigkeit der Schnecke aus. Dies versetzt tausende winziger Haarsinneszellen in Bewegung, die Nervenimpulse auslösen. Diese werden zum Gehirn geleitet, das sie in Töne umwandelt.

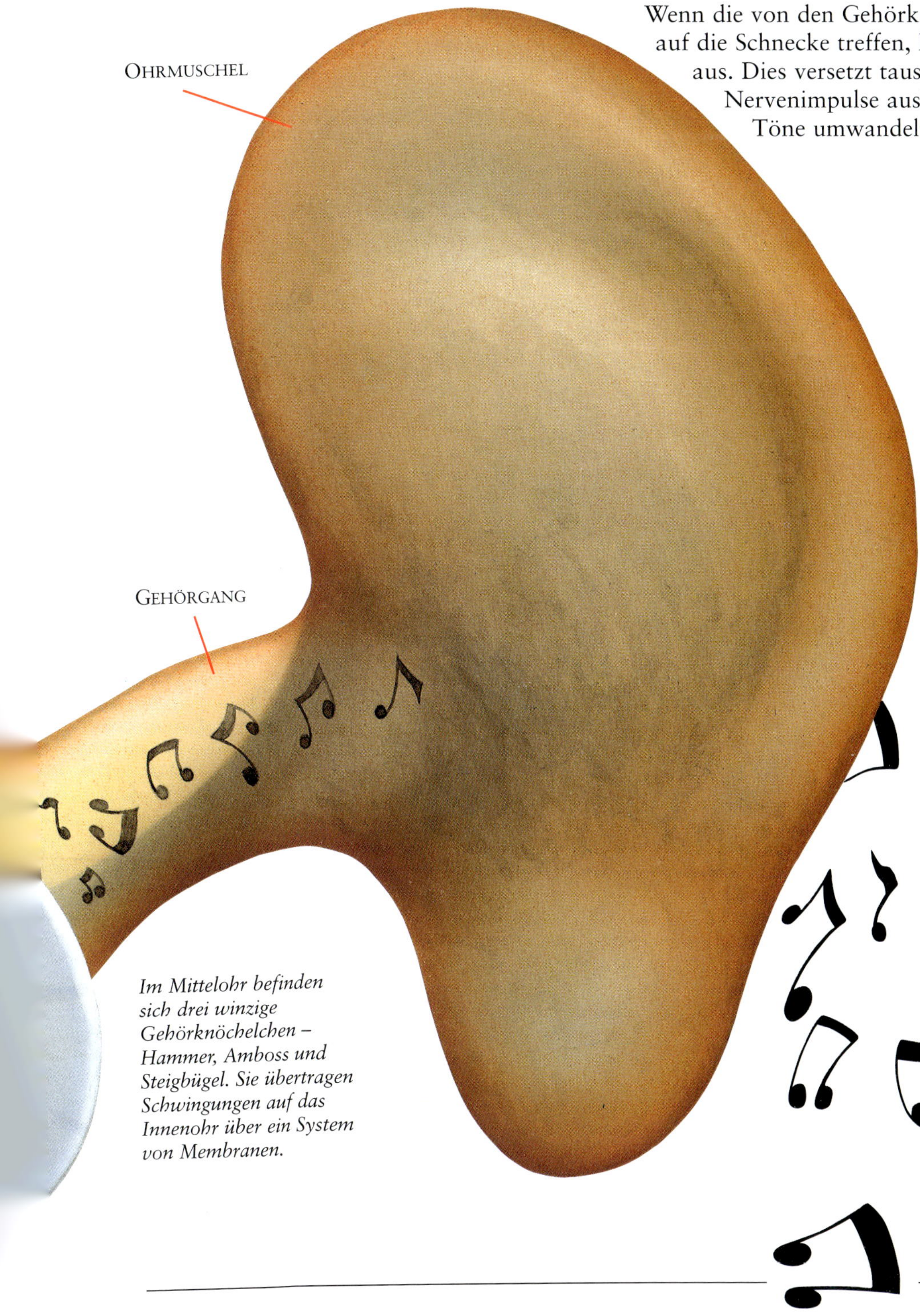

Im Mittelohr befinden sich drei winzige Gehörknöchelchen – Hammer, Amboss und Steigbügel. Sie übertragen Schwingungen auf das Innenohr über ein System von Membranen.

Gleichgewicht

Winzige Härchen im Innenohr lassen das Gehirn genau wissen, welche Stellung der Kopf einnimmt, während Härchen in den drei Bogengängen Informationen über seine Bewegung liefern. Das Gehirn kombiniert diese mit anderen, von Sinneszellen im ganzen Körper empfangenen Meldungen, und sendet Botschaften an unsere Muskeln, sodass wir unsere Haltung ändern können, ohne das Gleichgewicht zu verlieren.

Sinneszellen im ganzen Körper informieren unser Gehirn über unsere Haltung und ermöglichen es, dass wir sie korrigieren. Ohne sie könnten wir das Gleichgewicht nicht halten.

Schmecken, tasten, riechen

Unsere wichtigsten Sinne sind neben dem Sehen und Hören der Geschmack, der Geruch und der Tastsinn. Geschmackszellen senden Botschaften an das Gehirn und befähigen uns, tausende von Geschmacksrichtungen zu unterscheiden. Der Geruchssinn hilft uns, über 10 000 verschiedene Gerüche zu unterscheiden. Riechzellen senden Botschaften an den Teil des Gehirns, der für Gefühle und Gedächtnis zuständig ist, was erklärt, warum ein Geruch manchmal Erinnerungen auslöst. Dank Tastzellen können wir Temperatur und Struktur wahrnehmen.

Papillen

Kleine Schwellungen auf der Zungenoberfläche heißen „Papillen“. Fadenförmige Papillen helfen uns, Nahrung festzuhalten, wenn wir sie kauen, oder glitschige Speisen, wie zum Beispiel Eis, zu lecken. Die Spitzen dieser Schwellungen enthalten Keratin (das auch in Nägeln und Haaren vorkommt), das sie stärkt. Papillen, die Geschmacksknospen enthalten, sind pilzförmig.

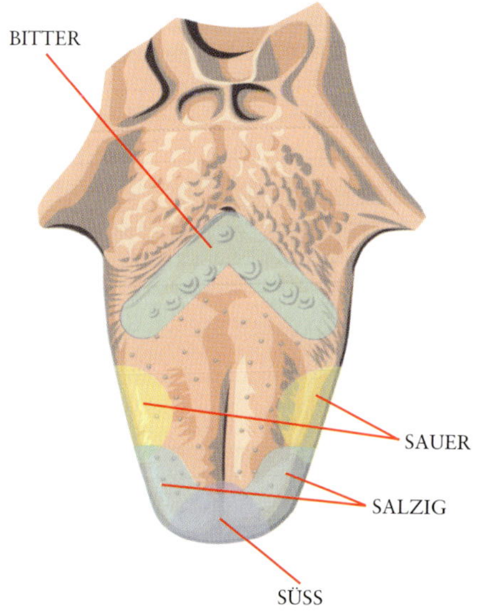

Die „Geschmackskarte“ der Zunge zeigt, welche Stellen auf bestimmte Geschmacksrichtungen reagieren.

Geschmack

Auf unserer Zunge sitzen tausende von Geschmackszellen, die Botschaften an das Gehirn senden. Das Gehirn deutet die Informationen, sodass wir den Geschmack erkennen. Das dient auch unserem Schutz; das Gehirn warnt uns zum Beispiel, dass etwas Bitteres giftig sein könnte, sodass wir es ausspucken können, bevor es uns schadet.

Geschmacksknospen

Die Schwellungen auf der Zunge enthalten Geschmacksknospen. Jede Geschmacksknospe besteht aus ungefähr 100 Rezeptor- oder Geschmackszellen. Die Geschmacksrichtung, auf die eine Zelle am meisten reagiert, bestimmt den Geschmack einer Speise. Im Durchschnitt hat ein Mensch etwa 10 000 Geschmacksknospen, aber diese Zahl nimmt mit dem Alter ab. Wer raucht, hat weniger Geschmacksknospen.

Unter einem Mikroskop sehen die Papillen auf der Zunge fast wie die höckrige Oberfläche eines Planeten aus. Sie halten beim Kauen die Nahrung fest, und einige enthalten Geschmacksknospen, mit denen wir verschiedene Geschmacksrichtungen wahrnehmen können.

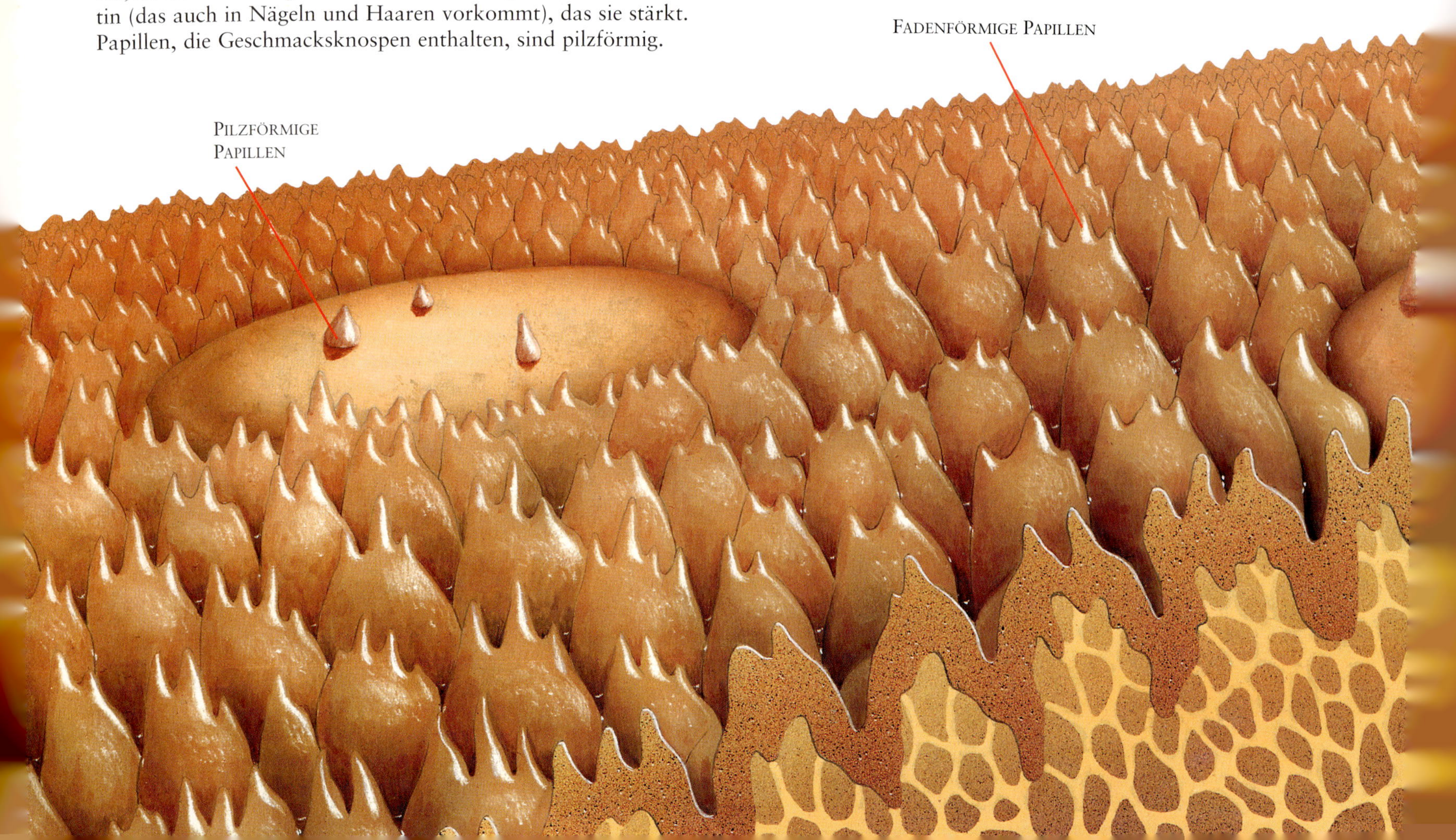

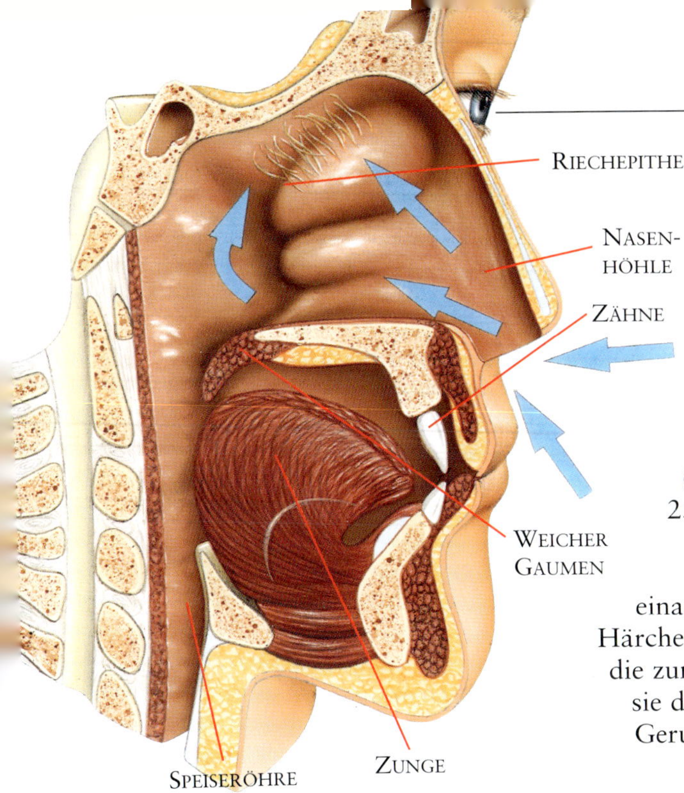

Der obere Teil der Nasenhöhle ist mit schleimbedeckten „Riechhärchen“ ausgekleidet. Sie reagieren auf Geruchsmoleküle, die eingeatmet werden, und senden Botschaften an das Gehirn.

Riechzellen

In der oberen Nasenhöhle liegen zwei schmale Schleimhautfelder (Riechepithel genannt) mit mehr als 25 Millionen Riechzellen. Jede dieser Sinneszellen ist mit Riechhärchen besetzt. Sobald wir Geruchsstoffe einatmen, bleiben ihre Moleküle an den Härchen haften und lösen Botschaften aus, die zum Gehirn weitergeleitet werden, das sie deutet. Schnüffeln verbessert unseren Geruchssinn, weil die Atemluft höher in die Nase gelangt.

Beim Niesen werden störende Teilchen aus der Nasenhöhle ausgestoßen.

Niesen

Wenn du erkältet bist oder Staub durch die Nase einatmest, musst du oft niesen. Dieser Reflex schafft schnell Erleichterung! Beim Niesen wird Schleim mit bis zu 160 km/h aus der Nase gedrückt.

Geruch und die Nase

Riechzellen in der Nase senden Botschaften ans Gehirn, wenn sie einen Geruch wahrnehmen. Unser Geruchssinn ist stärker als der Geschmackssinn, darum scheint das Essen oft weniger gut zu schmecken, wenn die Nase „zu“ ist. Wie der Geschmack ist auch der Geruch ein Sinn, der uns schützt – unser Gehirn verbindet bestimmte Gerüche mit Gefahren.

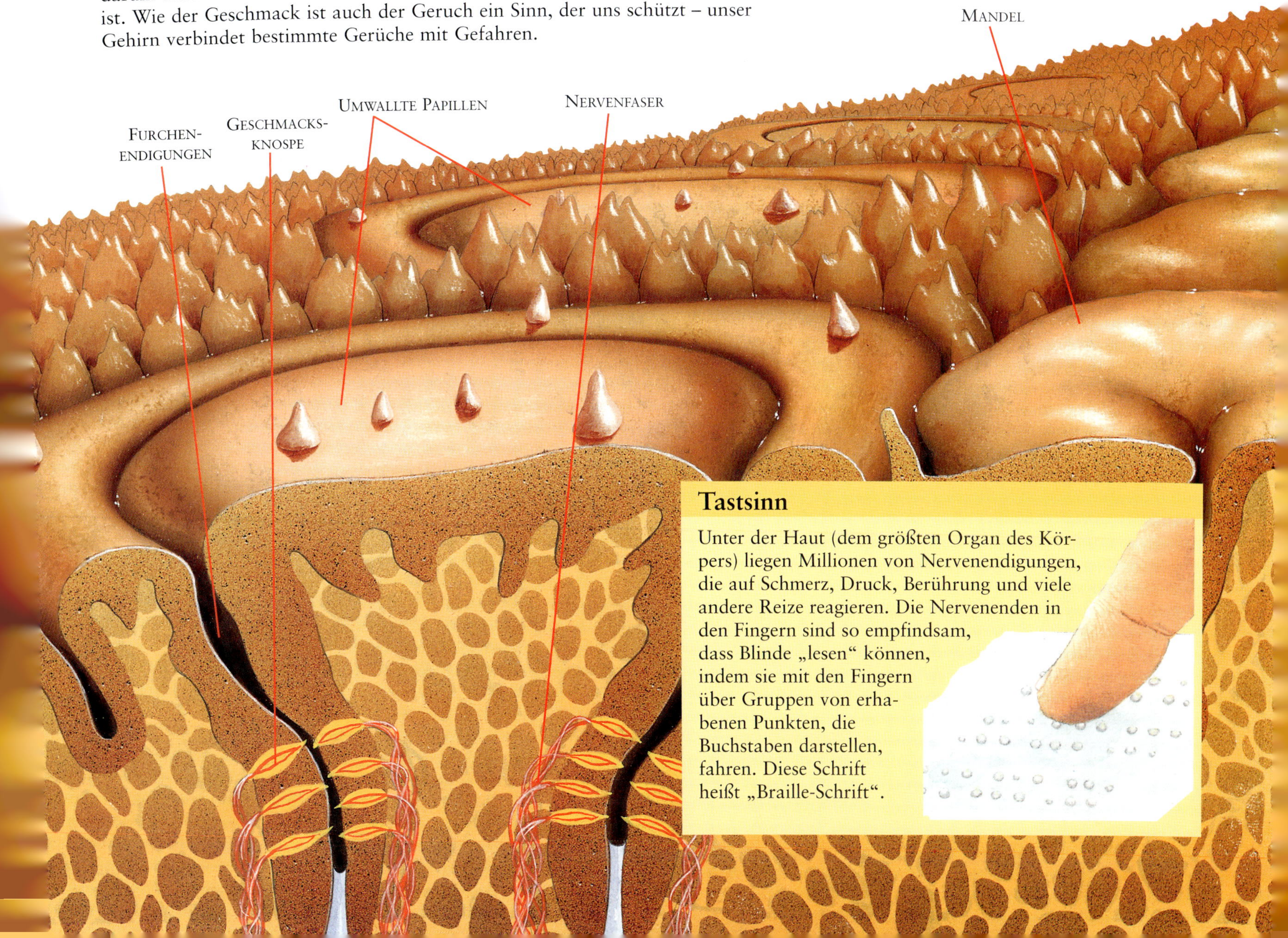

Tastsinn

Unter der Haut (dem größten Organ des Körpers) liegen Millionen von Nervenendigungen, die auf Schmerz, Druck, Berührung und viele andere Reize reagieren. Die Nervenenden in den Fingern sind so empfindsam, dass Blinde „lesen“ können, indem sie mit den Fingern über Gruppen von erhabenen Punkten, die Buchstaben darstellen, fahren. Diese Schrift heißt „Braille-Schrift“.

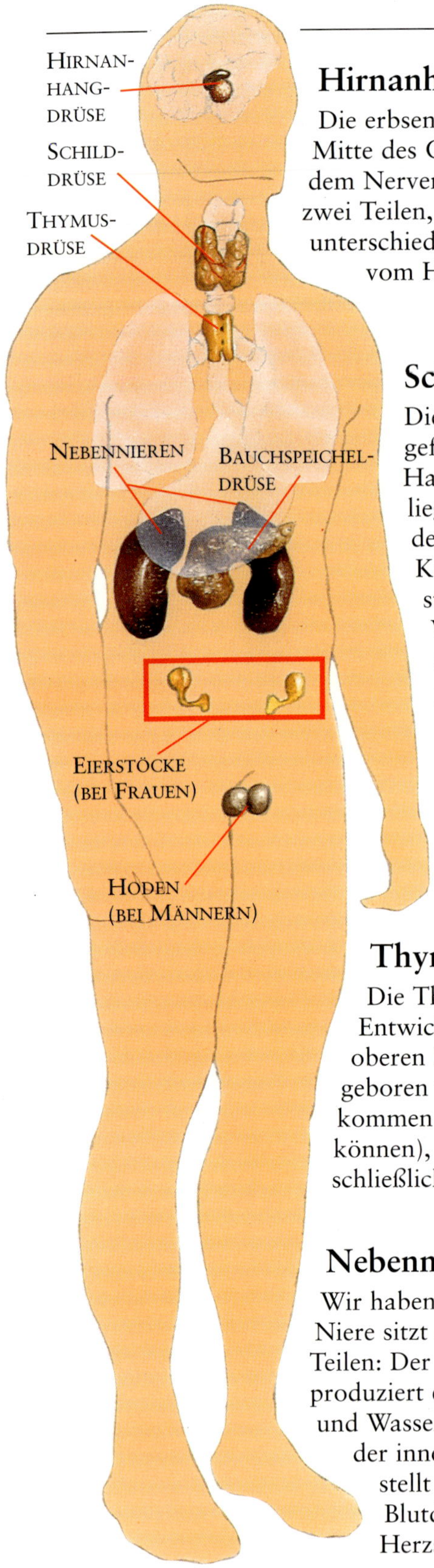

Hirnanhangdrüse

Die erbsengroße Hirnanhangdrüse, die Hypophyse, liegt in der Mitte des Gehirns und bildet eine wichtige Verbindung zwischen dem Nervensystem und dem endokrinen System. Sie besteht aus zwei Teilen, dem Vorderlappen und dem Hinterlappen, die beide unterschiedliche Hormone herstellen. Die Hirnanhangdrüse wird vom Hypothalamus, einem Teil des Gehirns, gesteuert.

Schilddrüse

Die wie ein Schmetterling geformte Schilddrüse, die im Hals unter dem Kehlkopf liegt, steuert die Menge der Energie, die der Körper aus Nährstoffen herstellt. Wenn die Schilddrüse zu viele Hormone produziert, kann sie das Gleichgewicht des Körpers stören. Beiderseits der Schilddrüse liegen die Nebenschilddrüsen. Sie regulieren den Kalziumspiegel im Blut.

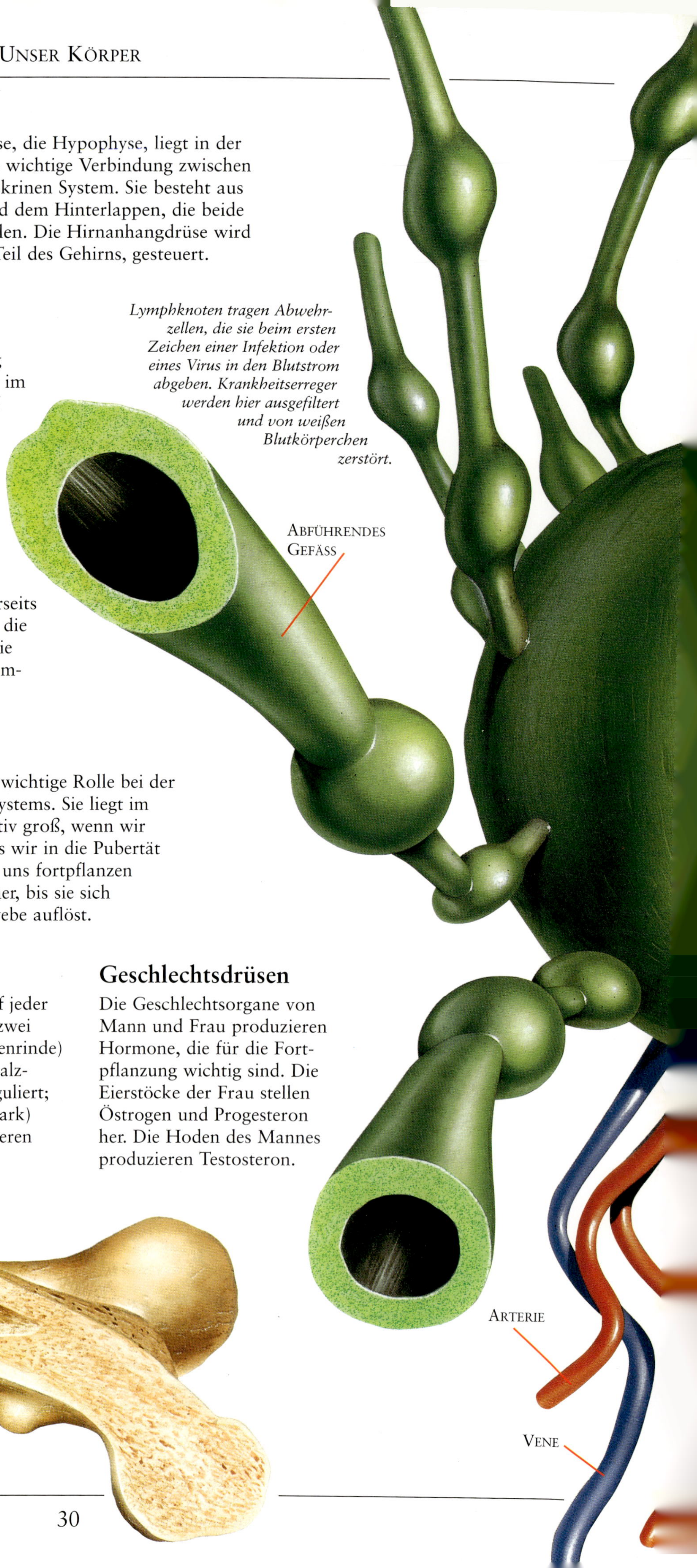

Lymphknoten tragen Abwehrzellen, die sie beim ersten Zeichen einer Infektion oder eines Virus in den Blutstrom abgeben. Krankheitserreger werden hier ausgefiltert und von weißen Blutkörperchen zerstört.

Thymusdrüse

Die Thymusdrüse spielt eine wichtige Rolle bei der Entwicklung unseres Immunsystems. Sie liegt im oberen Brustraum und ist relativ groß, wenn wir geboren werden. Sie wächst, bis wir in die Pubertät kommen (das Alter, in dem wir uns fortpflanzen können), und wird danach kleiner, bis sie sich schließlich im umgebenden Gewebe auflöst.

Nebennieren

Wir haben zwei Nebennieren, auf jeder Niere sitzt eine. Sie bestehen aus zwei Teilen: Der äußere (die Nebennierenrinde) produziert ein Hormon, das den Salz- und Wassergehalt des Körpers reguliert; der innere (das Nebennierenmark) stellt Adrenalin her, das unseren Blutdruck erhöht und den Herzschlag beschleunigt.

Geschlechtsdrüsen

Die Geschlechtsorgane von Mann und Frau produzieren Hormone, die für die Fortpflanzung wichtig sind. Die Eierstöcke der Frau stellen Östrogen und Progesteron her. Die Hoden des Mannes produzieren Testosteron.

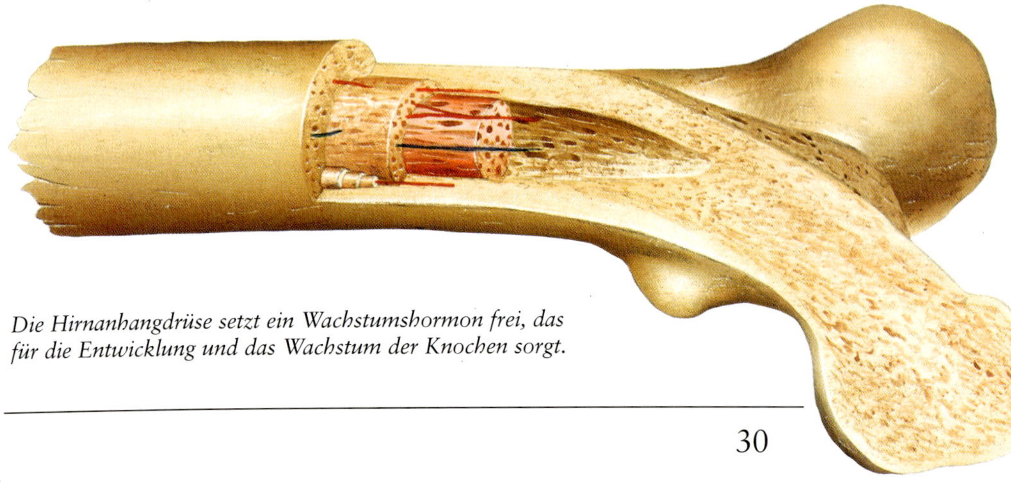

Die Hirnanhangdrüse setzt ein Wachstumshormon frei, das für die Entwicklung und das Wachstum der Knochen sorgt.

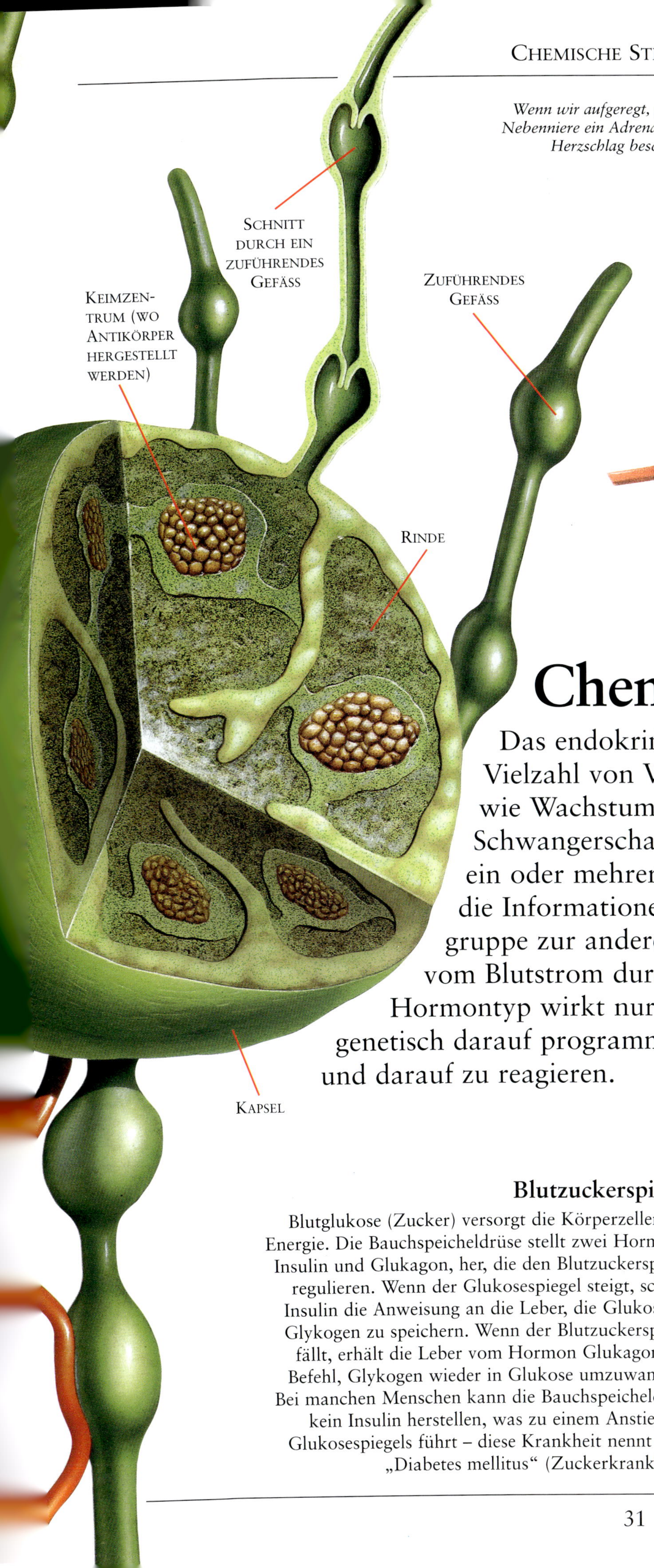

Wenn wir aufgeregt, geängstigt oder gestresst sind, setzt die Nebenniere ein Adrenalin genanntes Hormon frei, das unseren Herzschlag beschleunigt und den Blutdruck steigen lässt.

Chemische Steuerung

Das endokrine (oder Hormon-) System steuert eine Vielzahl von Vorgängen, die sich im Körper abspielen, wie Wachstum, Verdauung, Fortpflanzung und Schwangerschaft. Die endokrinen Drüsen produzieren ein oder mehrere Hormone – chemische Botenstoffe, die Informationen und Anweisungen von einer Zellgruppe zur anderen weiterleiten. Hormone werden vom Blutstrom durch den Körper befördert, aber jeder Hormontyp wirkt nur auf ganz bestimmte Zielzellen, die genetisch darauf programmiert sind, seine Botschaft zu empfangen und darauf zu reagieren.

Blutzuckerspiegel

Blutglukose (Zucker) versorgt die Körperzellen mit Energie. Die Bauchspeicheldrüse stellt zwei Hormone, Insulin und Glukagon, her, die den Blutzuckerspiegel regulieren. Wenn der Glukosespiegel steigt, schickt Insulin die Anweisung an die Leber, die Glukose als Glykogen zu speichern. Wenn der Blutzuckerspiegel fällt, erhält die Leber vom Hormon Glukagon den Befehl, Glykogen wieder in Glukose umzuwandeln. Bei manchen Menschen kann die Bauchspeicheldrüse kein Insulin herstellen, was zu einem Anstieg des Glukosespiegels führt – diese Krankheit nennt man „Diabetes mellitus“ (Zuckerkrankheit).

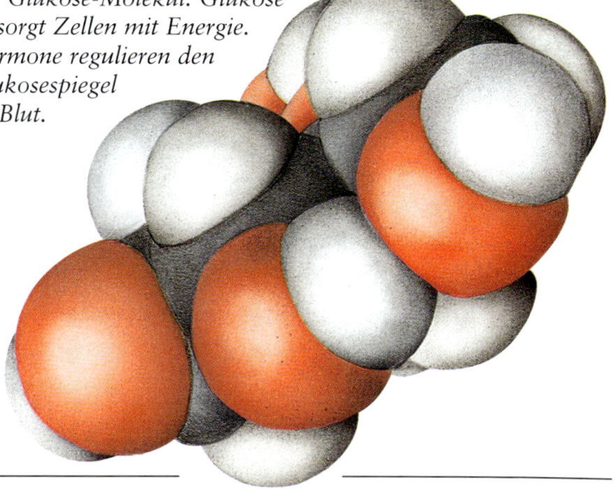

Ein Glukose-Molekül. Glukose versorgt Zellen mit Energie. Hormone regulieren den Glukosespiegel im Blut.

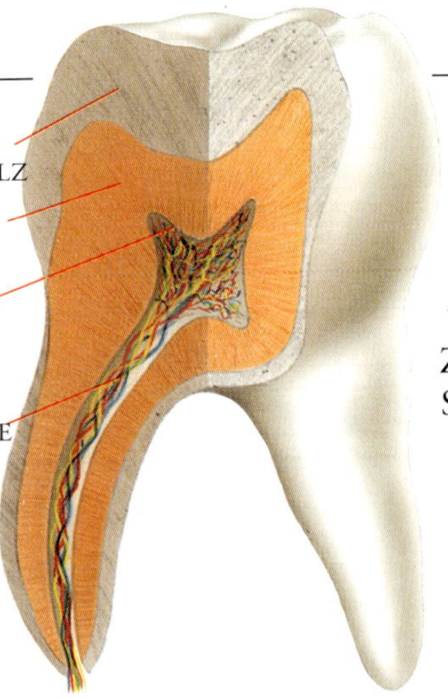

Zähne

Die Zähne zerkleinern die Nahrung im Mund. Die meisten Menschen haben 32 Zähne – 16 im Oberkiefer und 16 im Unterkiefer. Zähne sind von Zahnschmelz überzogen, der härtesten Substanz, die im Körper vorkommt.

Speichel

Der erste Saft, auf den ein Bissen im Körper trifft, ist der Speichel im Mund. Speichel befeuchtet und glättet den Bissen, sodass er leichter den Rachen hinunterrutschen kann. Er hilft auch bei der Verdauung stärkehaltiger Nahrung, wie Brot.

In seinem Leben verzehrt der Mensch durchschnittlich 30 Tonnen Nahrung – das entspricht einer Menge von 1,36 kg täglich.

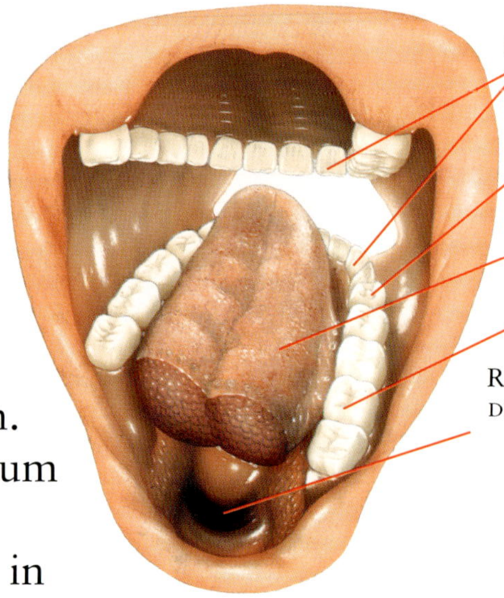

Verdauung

Nahrung liefert uns das Rohmaterial, die Nährstoffe, die wir für den Bau neuer Zellen brauchen. Aus ihr gewinnen wir auch die Energie, die wir zum Arbeiten und Spielen benötigen. Ohne Nahrung würden wir sterben. Die meiste Nahrung gelangt in Form großer Moleküle in unser Verdauungssystem. Hier werden diese mithilfe von Spezialsäften in kleinere, einfachere Moleküle zerlegt und über den Blutkreislauf im übrigen Körper verteilt. Unverdaute Nahrung wird ausgeschieden.

1 Mund
2 Zähne
3 Zunge
4 Speiseröhre
5 Nahrung
6 Magen
7 Magensaft
8 Chymus (verdaute Nahrung)
9 Magenschleimhaut
10 Zusammenziehen der Magenwand

Schlucken

Schlucken, wodurch die Nahrung vom Mund in die Speiseröhre befördert wird, geschieht in zwei Phasen. Als erstes schiebt die Zunge die Nahrung hinten in den Rachen. Dann wird sie durch einen Reflex in die Speiseröhre hinunterbefördert.

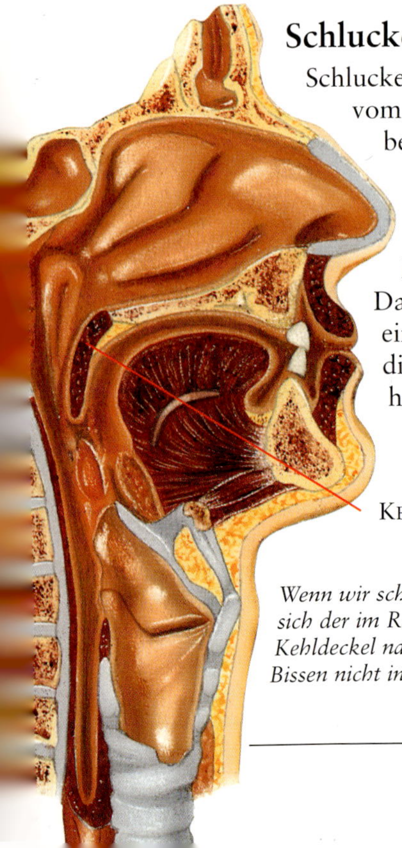

Wenn wir schlucken, bewegt sich der im Rachen baumelnde Kehldeckel nach oben, damit der Bissen nicht in die Nase gelangt.

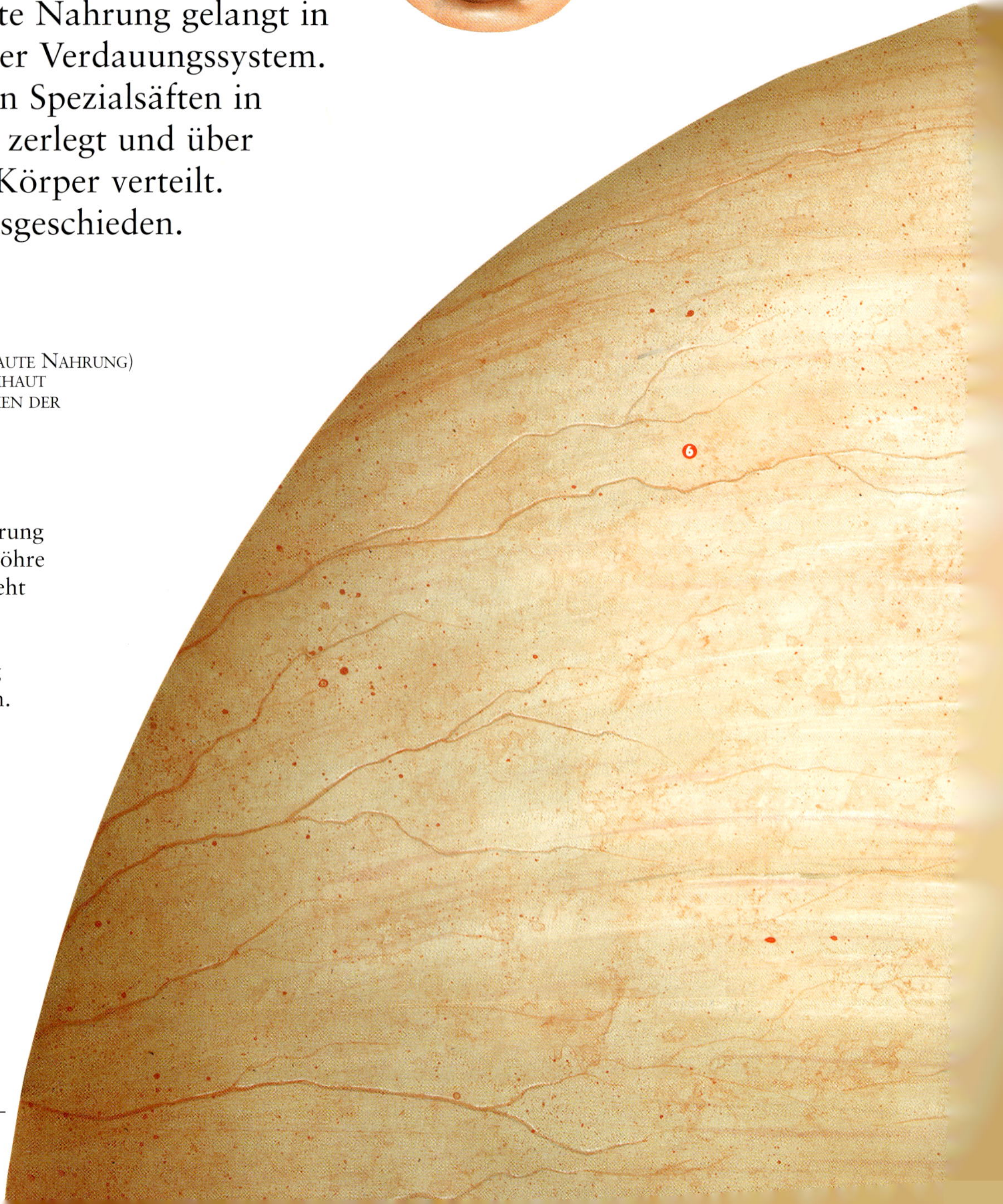

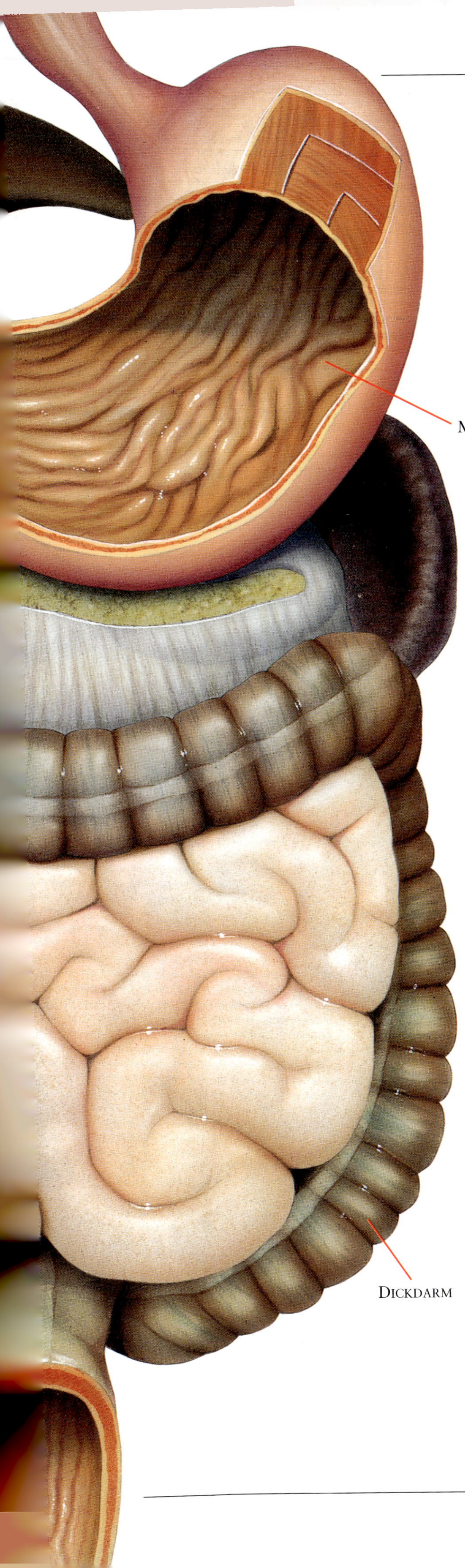

Die Leber

Die Leber – das größte innere Organ – ist eine viel beschäftigte Fabrik, die über 500 Aufgaben erfüllt. Eine davon ist die Verarbeitung der Nährstoffe im Blut, das aus dem Dünndarm ankommt (rund 90 Prozent der Nährstoffe des Körpers gehen durch die Leber). Zu jeder Zeit enthält die Leber 13 Prozent der gesamten Blutmenge des Körpers. Wenn das Blut den richtigen Nährstoffgehalt hat, wird es an den restlichen Körper verteilt. Die Leber ist das einzige Organ, das die Fähigkeit besitzt, sich zu regenerieren – wenn drei Viertel der Leber weggeschnitten werden, kann der Rest schnell nachwachsen und wieder funktionstüchtig sein.

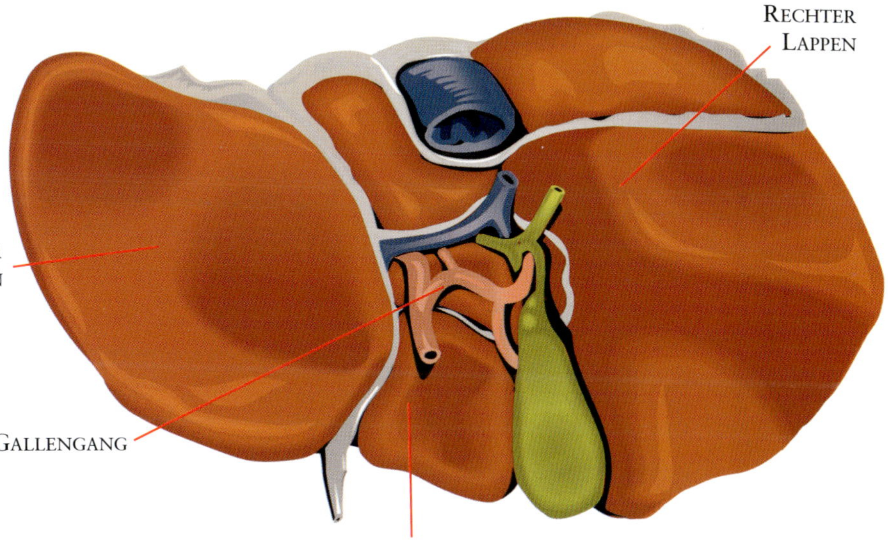

Die meisten Nährstoffe werden innerhalb des ersten Viertels des Dünndarms, im Zwölffingerdarm, verdaut.

Die Leber speichert Zucker und Vitamine und sorgt dafür, dass wir genug Glukose im Blut haben.

In der Leber

In der Leber transportiert ein dichtes Netz von Blutgefäßen Blut zu den Leberzellen und von ihnen weg. Die Leberzellen sind in Mustern um Kanäle (so genannte Leberkapillaren) angeordnet. An das in diesen Kanälen strömende Blut geben die Leberzellen Stoffe ab, die die Nährstoffe im Blut aufbereiten. Das aufbereitete und gereinigte Blut wird dann von der Leber wegtransportiert und an den übrigen Körper verteilt.

Rote Blutkörperchen fließen durch Leberkapillaren in der Leber.

Galle

Galle ist eine Flüssigkeit, die in der muskulösen Gallenblase neben der Leber gespeichert wird. Galle besteht aus mehreren Salzen, die helfen, Fett für die Verdauung in winzige Tröpfchen zu zerlegen. Wenn wir essen, wird Galle aus der Gallenblase durch einen Gallengang genannten Schlauch in den Zwölffingerdarm, den ersten Abschnitt des Dünndarms, entlassen. Auch die Bauchspeicheldrüse erzeugt Verdauungssäfte.

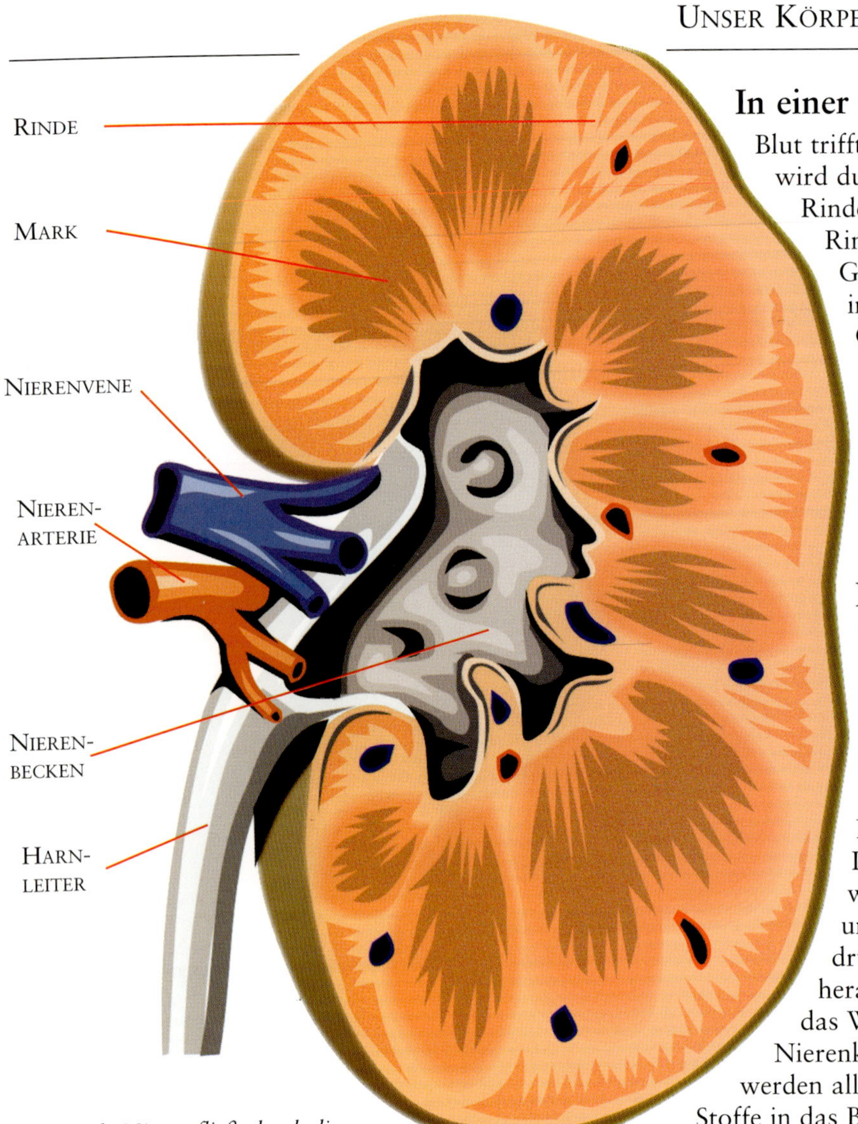

Jede Minute fließt durch die Nieren rund ein Viertel der Gesamtblutmenge.

In einer Niere

Blut trifft über die große Nierenarterie in einer Niere ein und wird durch Millionen von Kapillaren in der äußeren Schicht, der Rinde, verteilt. Winzige Filtereinheiten (Nephronen) in der Rinde filtern das Blut und drücken etwas Wasser und Gifte heraus. Verwertbare Stoffe und viel Wasser kehren ins Blut zurück, aber überschüssiges Wasser und Gifte (Urin) fließen durch den inneren Bereich der Niere, dem Mark, in eine in der Mitte gelegene Kammer, das Nierenbecken. Von dort tröpfelt der Urin durch den Harnleiter in die Blase.

Nephronen

Nephronen sind die Filtereinheiten der Niere. Jedes Nephron enthält ein dichtes Knäuel von Blutkapillaren (ein Glomerulum) und ein feines, gewundenes Röhrchen, das Nierenkanälchen. In den Glomerula wird das Wasser unter hohem Blutdruck aus dem Blut herausgepresst. Wenn das Wasser durch das Nierenkanälchen fließt, werden alle wiederverwendbaren Stoffe in das Blut zurückgeführt und der Rest, der Abfall, bildet Urin.

Der Job der Nieren

Die Nieren sorgen dafür, dass der Gehalt an verschiedenen Salzen und anderen wichtigen Substanzen im Körper gleich bleibt. Sie halten auch die Wassermenge im Körper konstant und stellen sicher, dass der Säuregehalt des Blutes die richtige Konzentration hat. Überschüssige Säuren werden in Form von Urin ausgeschieden. Die Nieren tragen auch zur Regulierung des Blutdrucks im Körper bei, fördern die Herstellung von Blutzellen und sichern den Kalziumgehalt.

Arbeiten die Nieren eines Menschen nicht mehr ausreichend, wird er an eine Maschine, eine „künstliche Niere“, angeschlossen, die das Blut filtert. Diesen Prozess nennt man Dialyse.

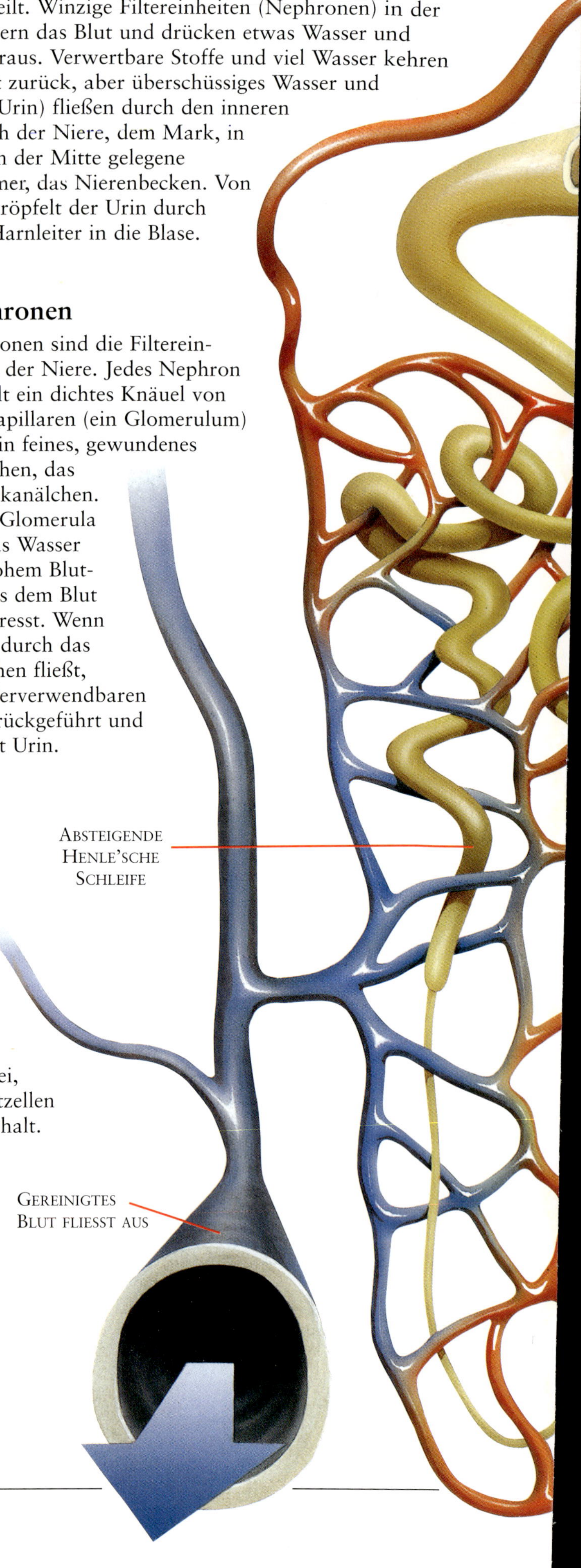

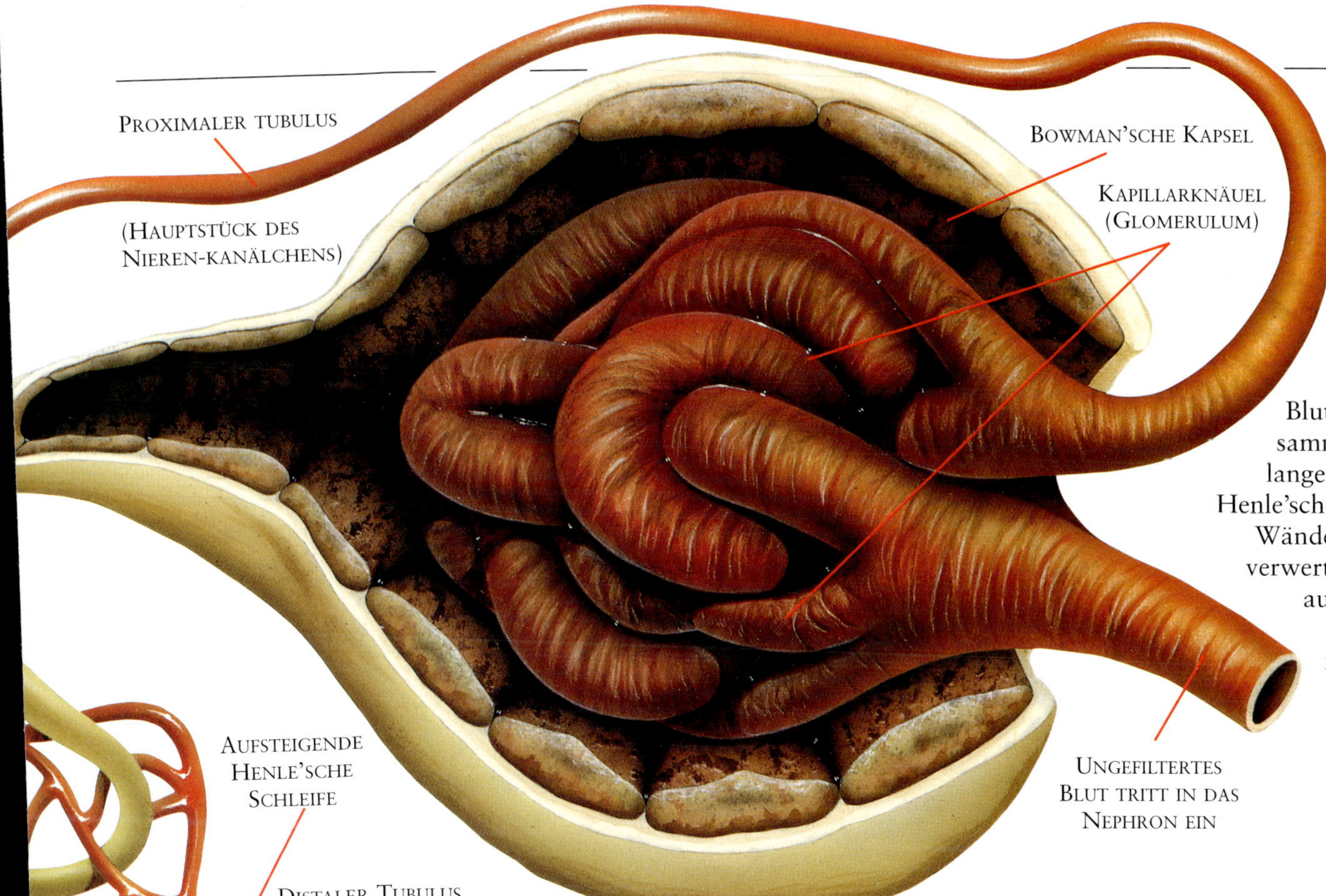

In einem Nephron

Die Filtereinheiten (Nephronen) der Nieren bestehen aus fünf Teilen: Das Kapillarknäuel (das Glomerulum) (1) wird von der taschenförmigen Bowman'schen Kapsel (2) umschlossen. Das aus dem Blut gedrückte Wasser (Filtrat) sammelt sich hier und fließt ein langes, haarfeines Röhrchen, die Henle'sche Schleife (3), hinunter. Die Wände dieses Röhrchens nehmen verwertbare Stoffe aus dem Filtrat auf, damit sie wieder dem im proximalen Tubulus (4) fließenden, gereinigten Blut zugeführt werden können. Der lange, gerade Abschnitt am Ende des Nephrons heißt Sammelröhrchen (5).

Die Nieren

Die Nieren sind zwei bohnenförmige, etwa faustgroße Organe, die am Rücken liegen. Sie haben eine doppelte Funktion: Sie analysieren das Blut und entfernen Abfallstoffe, und sie kontrollieren die Wassermenge im Körper und sorgen dafür, dass sie konstant bleibt. Der Wassergehalt bei jungen Frauen beträgt 52 Prozent und bei jungen Männern 62 Prozent. Rund 20 Prozent des vom Herzen weggepumpten Blutes gehen direkt in die Nieren, die es filtern und Abfallstoffe sowie unerwünschtes Wasser entfernen. Diese werden als gelbliche, wässrige Flüssigkeit, dem Urin, ausgeschieden. Das gereinigte Blut wird wieder dem Kreislauf zugeführt.

Urin und die Blase

Urin tröpfelt aus den Nieren durch lange, schlauchförmige Harnleiter und sammelt sich in der Blase. Die Blase ist ein muskulöses Hohlorgan, das sich dehnen kann, um Urin aufzunehmen. Der Urin wird durch die Harnröhre ausgeschieden.

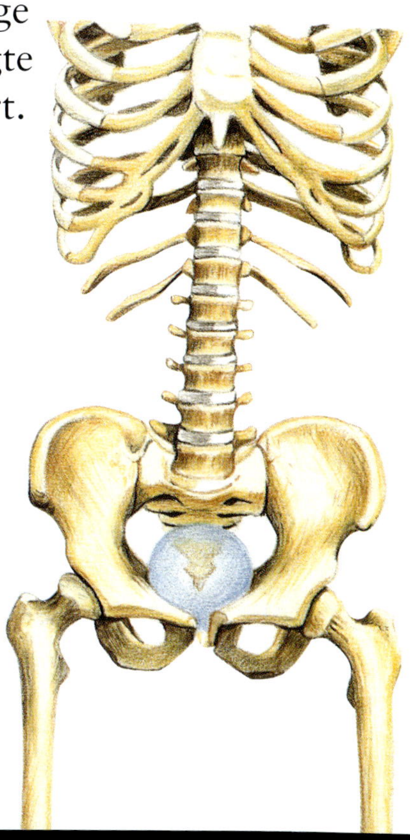

Urin läuft ständig von den Nieren in die Blase. Wenn die Blase voll ist, werden Nervensignale an das Gehirn geschickt, das uns meldet, dass wir Wasser lassen müssen.

Fortpflanzungssysteme

Neues Leben muss entstehen, um altes zu ersetzen und den Fortbestand der Menschheit zu sichern. In der Pubertät beginnen Jungen und Mädchen, die für die Fortpflanzung erforderlichen Geschlechtszellen zu erzeugen; sie setzt meist zwischen dem 11. und 13. Lebensjahr ein. Beim Mann produzieren zwei Hoden Millionen von Samenzellen. Bei der Frau geben zwei Eierstöcke jeden Monat eine Eizelle frei. Wenn sich Samen- und Eizelle verbinden, entsteht neues Leben.

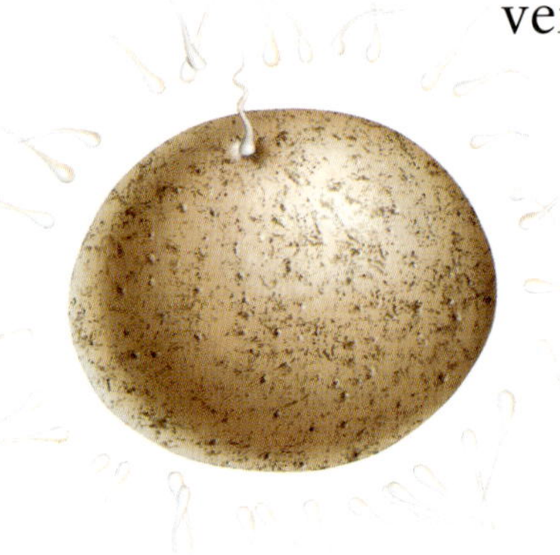

Millionen von Samenzellen (Spermien) begeben sich auf eine Reise durch das Fortpflanzungssystem der Frau, doch nur eine wird sich mit der Eizelle vereinen und sie befruchten.

Fortpflanzungssystem der Frau

Das Fortpflanzungssystem der Frau besteht aus zwei Eierstöcken, der Gebärmutter und der Scheide. Schon bei der Geburt sind alle Eizellen, die eine Frau je haben wird, in den Eierstöcken vorhanden. Eine dieser Eizellen reift jeden Monat in einem Periode genannten Rhythmus heran.

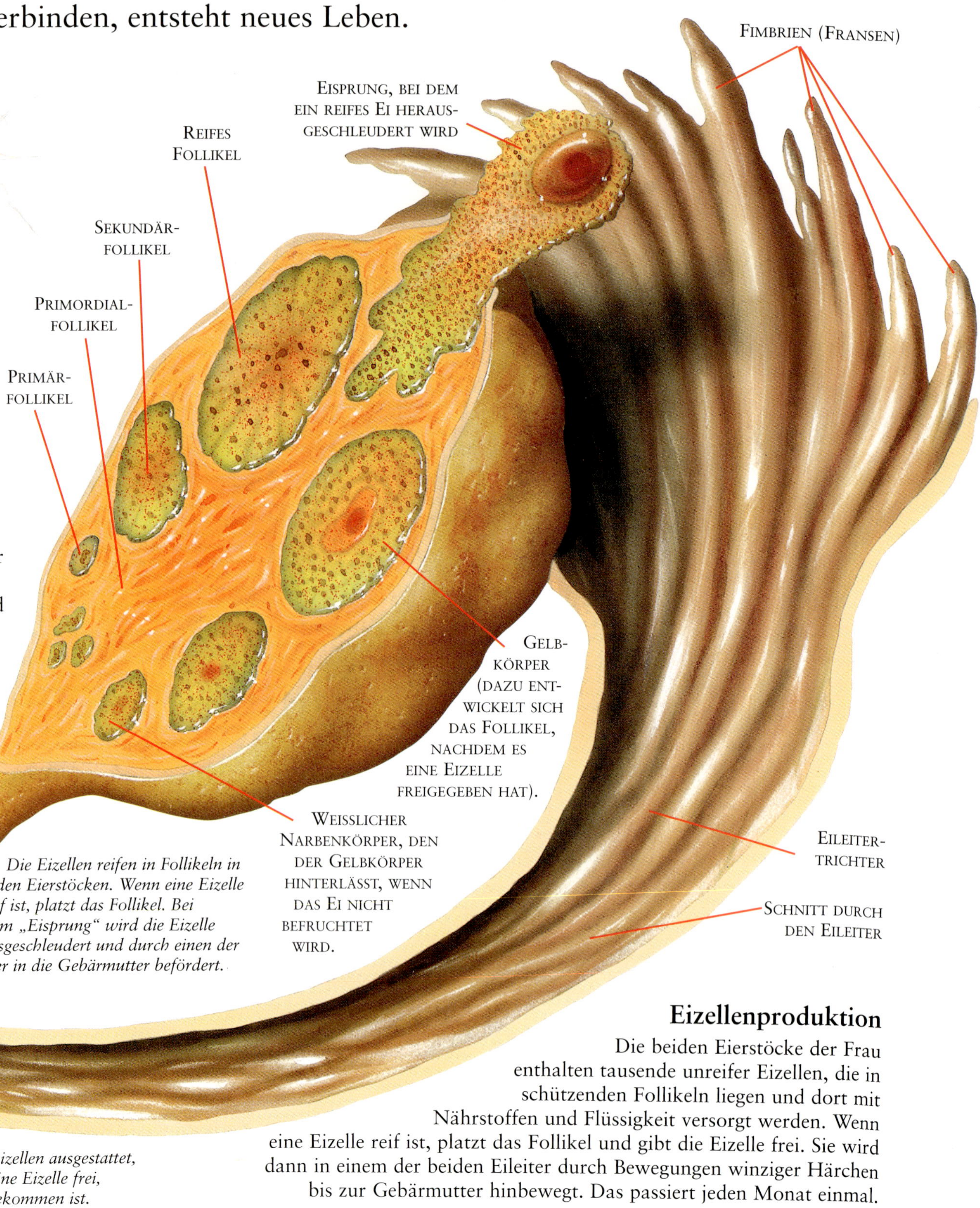

Die Eizellen reifen in Follikeln in den Eierstöcken. Wenn eine Eizelle reif ist, platzt das Follikel. Bei diesem „Eisprung“ wird die Eizelle herausgeschleudert und durch einen der Eileiter in die Gebärmutter befördert.

Mit einem lebenslangen Vorrat an Eizellen ausgestattet, geben die Eierstöcke jeden Monat eine Eizelle frei, nachdem die Frau in die Pubertät gekommen ist.

Eizellenproduktion

Die beiden Eierstöcke der Frau enthalten tausende unreifer Eizellen, die in schützenden Follikeln liegen und dort mit Nährstoffen und Flüssigkeit versorgt werden. Wenn eine Eizelle reif ist, platzt das Follikel und gibt die Eizelle frei. Sie wird dann in einem der beiden Eileiter durch Bewegungen winziger Härchen bis zur Gebärmutter hinbewegt. Das passiert jeden Monat einmal.

Fortpflanzungssystem des Mannes

Der Mann produziert Samenzellen (oder Spermien) in zwei Hoden. Hoden hängen außen am Körper, weil Samenzellen nur bei kühlerer Temperatur erzeugt werden können. Die Hoden sind mit der Harnröhre (durch die Urin und Sperma nach draußen geleitet werden) durch Samenleiter verbunden. Ein Mann produziert sein Leben lang tagtäglich Millionen von Samenzellen.

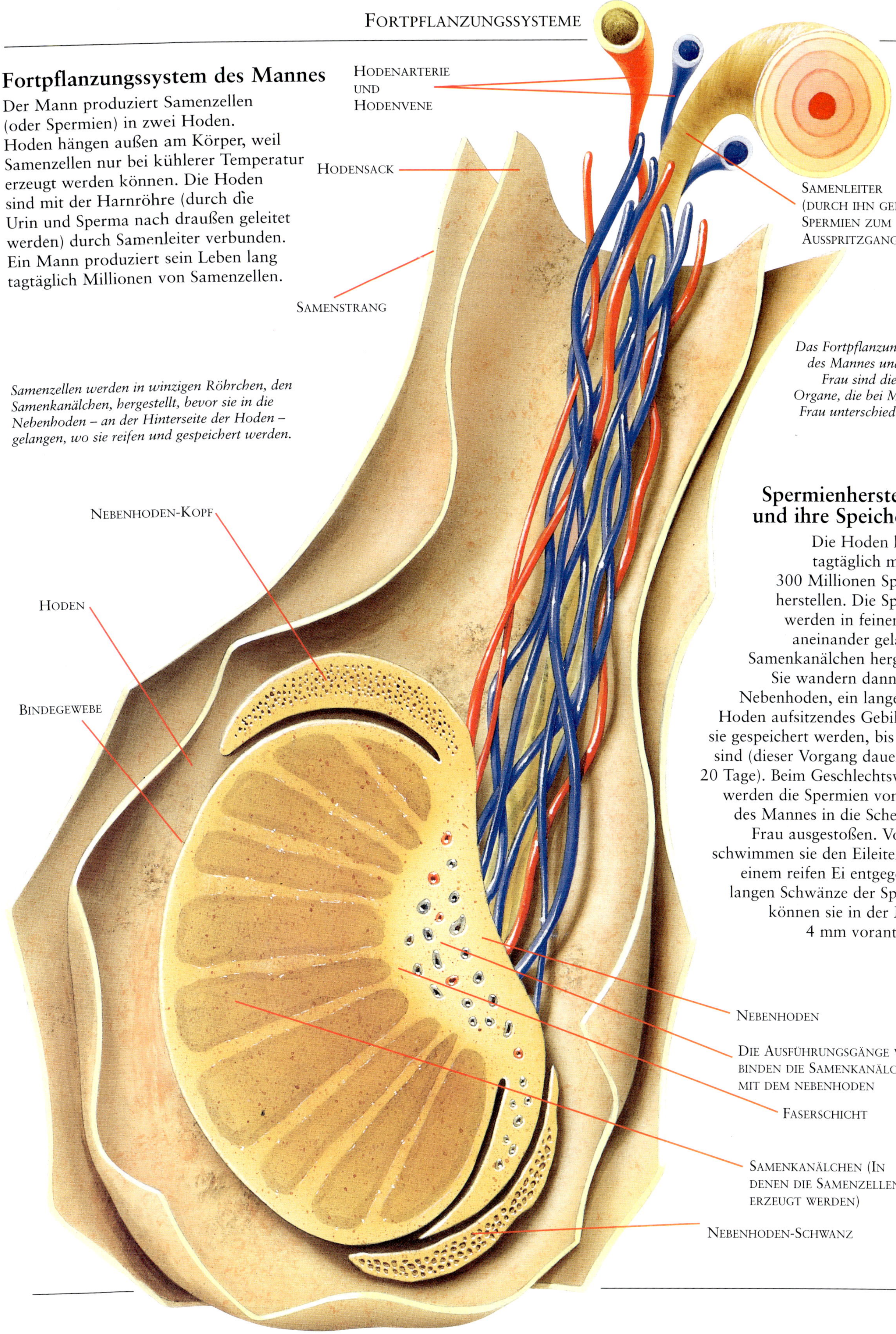

Samenzellen werden in winzigen Röhrchen, den Samenkanälchen, hergestellt, bevor sie in die Nebenhoden – an der Hinterseite der Hoden – gelangen, wo sie reifen und gespeichert werden.

Das Fortpflanzungssystem des Mannes und das der Frau sind die einzigen Organe, die bei Mann und Frau unterschiedlich sind.

Spermienherstellung und ihre Speicherung

Die Hoden können tagtäglich mehr als 300 Millionen Spermien herstellen. Die Spermien werden in feinen, dicht aneinander gelagerten Samenkanälchen hergestellt. Sie wandern dann in den Nebenhoden, ein langes, dem Hoden aufsitzendes Gebilde, wo sie gespeichert werden, bis sie reif sind (dieser Vorgang dauert etwa 20 Tage). Beim Geschlechtsverkehr werden die Spermien vom Penis des Mannes in die Scheide der Frau ausgestoßen. Von dort schwimmen sie den Eileiter hoch, einem reifen Ei entgegen. Die langen Schwänze der Spermien können sie in der Minute 4 mm vorantreiben.

Schwangerschaft und Geburt

Ein Hauptzweck des Lebens ist die Fortpflanzung – ohne sie würde es die Menschheit schon in einem Jahrhundert nicht mehr geben. Dabei vereinen sich die Fortpflanzungssysteme von Mann und Frau, sodass eine befruchtete Eizelle entsteht. Diese Urzelle teilt sich mehrmals in der Gebärmutter, bis ungefähr 38 Wochen danach ein Baby zur Welt kommt.

Ein menschlicher Embryo entwickelt sich in der Gebärmutter. Zunächst ist er kaum als Mensch zu erkennen und hat einen langen Schwanz.

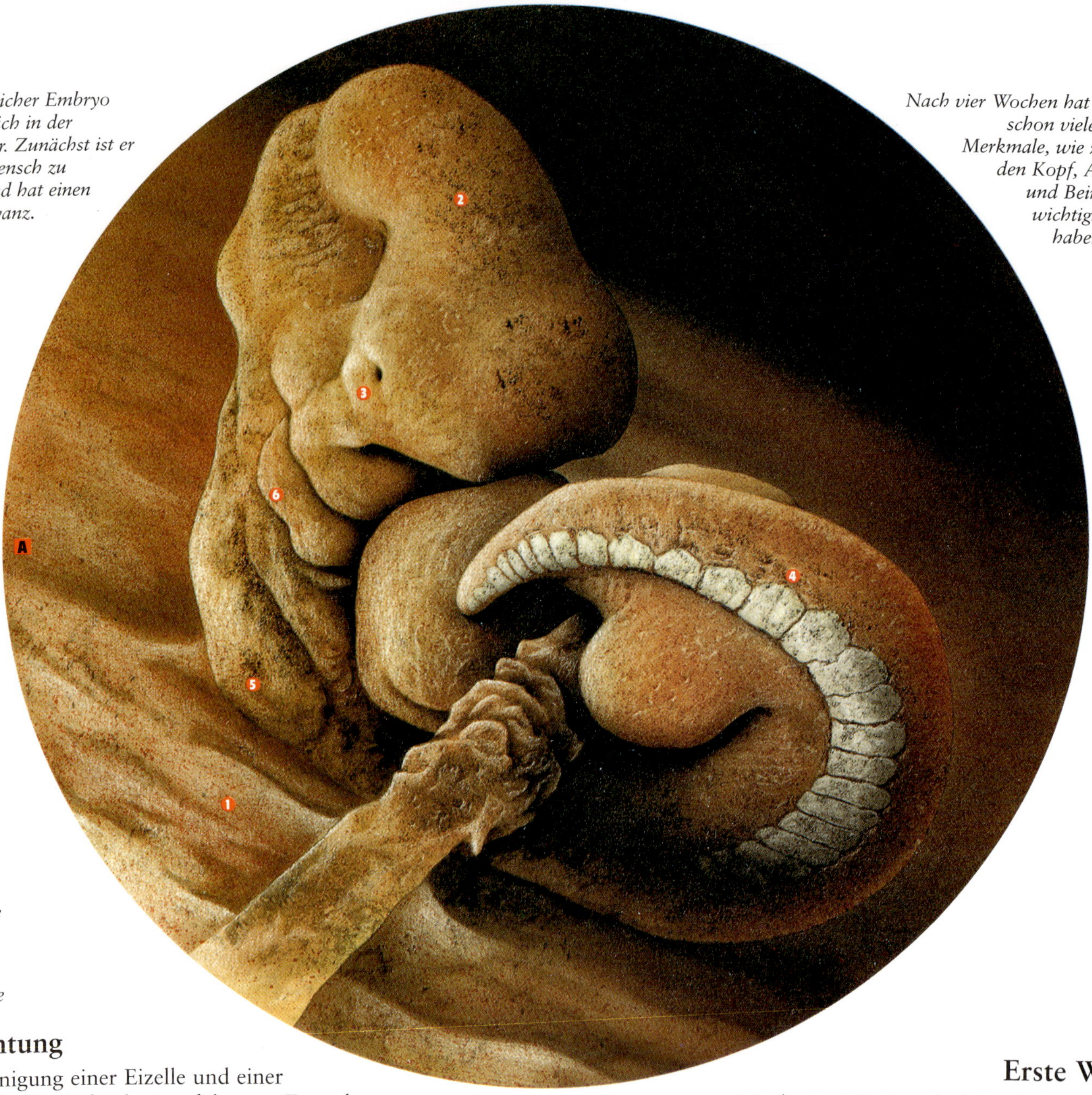

Nach vier Wochen hat der Embryo schon viele erkennbare Merkmale, wie zum Beispiel den Kopf, Augen, Arme und Beine. Auch die wichtigsten Organe haben begonnen, sich zu entwickeln.

A *32 Tage*

B *42 Tage*

Befruchtung

Die Vereinigung einer Eizelle und einer Samenzelle, die Befruchtung, führt zur Entstehung eines neuen Menschen. Eine befruchtete Eizelle wird auch Zygote genannt. Sie beginnt sofort, sich zu teilen, und fährt auf ihrem Weg durch den Eileiter mit der Zellteilung fort. Nach etwa fünf Tagen erreicht sie das Ende des Eileiters. Zu dieser Zeit hat sich ein blasenähnlicher Zellverband gebildet, der Blastozyste genannt wird. Die Blastozyste setzt sich in der Schleimhaut der Gebärmutter fest. Die äußeren Zellen entwickeln sich zur Plazenta (durch die der Embryo mit Nährstoffen aus dem Blut der Mutter ernährt wird) und die inneren Zellen bilden den Embryo.

Erste Wochen

Nach vier Wochen sind durch die Zellteilung Millionen von Zellen entstanden, die einen Embryo bilden. Im Verlauf der Zellteilung sind die wesentlichen Organe (wie die Leber und die Lungen) angelegt. Das Herz des Embryos hat sogar schon angefangen zu schlagen und pumpt Blut durch ein kleines Blutgefäßnetz. Ein Gehirn ist schon zu erkennen, das Nervensystem ist angelegt (der Embryo ist in der Lage, bestimmte Empfindungen zu „fühlen") und die Gliedmaßen haben begonnen, sich auszubilden.

Nach acht Wochen

Mit acht Wochen wird der Embryo als Fetus bezeichnet; er ist deutlich als Mensch zu erkennen. Alle wesentlichen Organe sind entwickelt, ebenso wie die Gliedmaßen mit Fingern und Zehen. Auch die Form des Gesichts ist zu sehen, mit Ohren, Augen, Nase und Mund. In der Gebärmutter schwimmt der Fetus in der Fruchtblase, die mit Fruchtwasser gefüllt ist. Sie schützt den Fetus vor Stößen und Erschütterungen.

Fertig zur Geburt

Das Baby ist gewöhnlich nach 32 Wochen geburtsfähig. Zu dieser Zeit kann es bereits sehen und hören und bewegt Arme und Beinchen. Kurz vor der Geburt nimmt das Baby eine Lage ein, bei der sein Kopf nach unten zeigt. Zum Ende der Schwangerschaft ziehen sich die Muskeln der Gebärmutterwand zusammen und schieben das Baby mit dem Kopf voran durch die Scheide. Sobald das Baby zur Welt gekommen ist, wird die Nabelschnur (die Mutter und Kind verbunden hat) durchschnitten.

Mit acht Wochen hat der Fetus alle Merkmale, die ihn deutlich als Menschen ausweisen.

Kurz vor der Geburt verändert das Baby seine Lage, sodass sein Kopf nach unten weist. Das macht seinen Eintritt in die Welt für beide, Mutter und Kind, leichter.

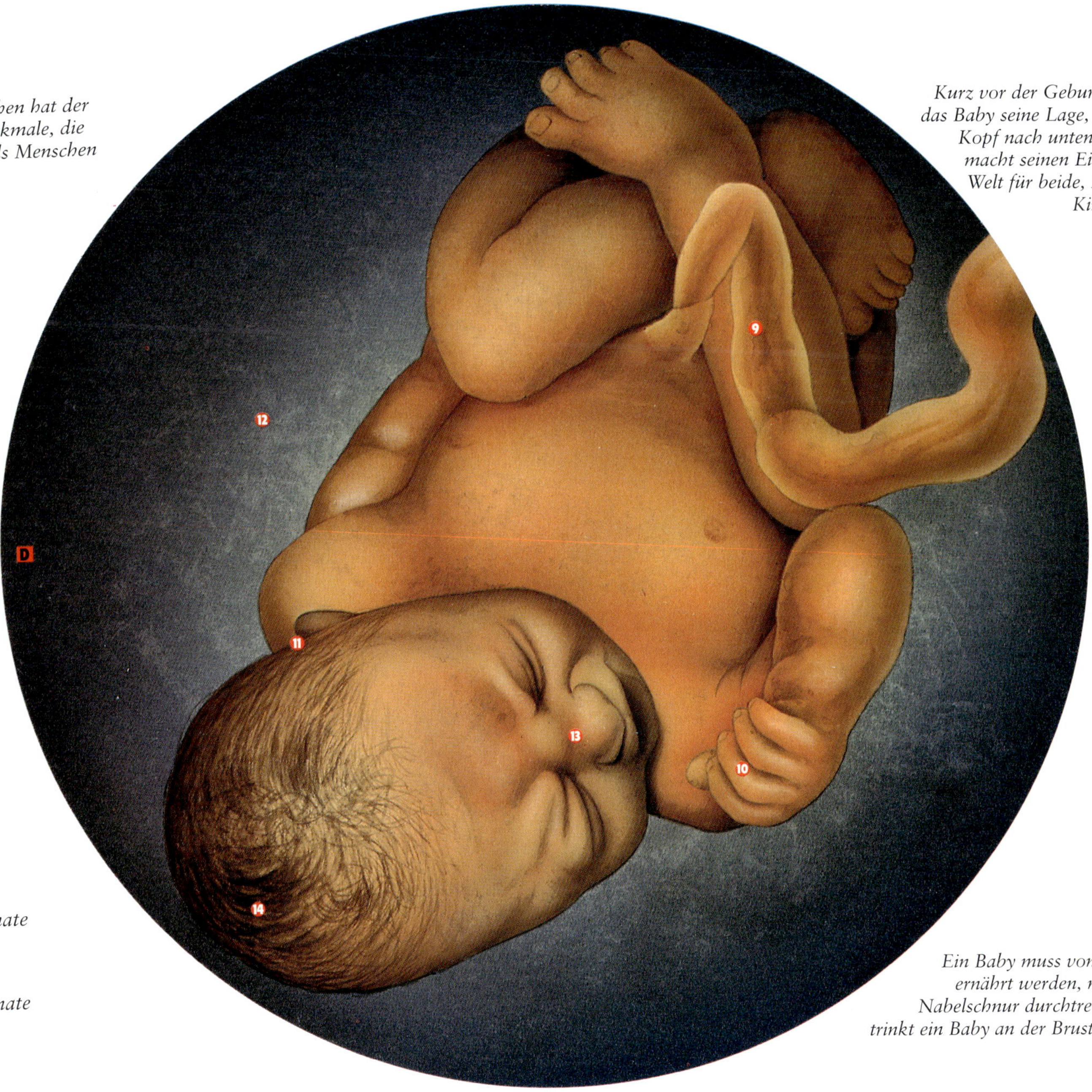

C *5 Monate*

D *9 Monate*

Ein Baby muss von der Mutter ernährt werden, nachdem die Nabelschnur durchtrennt ist. Hier trinkt ein Baby an der Brust der Mutter.

1 MUSKULÖSE GEBÄRMUTTERWAND
2 KOPF
3 AUGE
4 SCHWANZ
5 RÜCKEN
6 HALS
7 HERZ
8 ARM
9 NABELSCHNUR
10 FINGER
11 OHR
12 FRUCHTWASSER
13 NASE
14 HAAR

Nach der Geburt

Wenn die Nabelschnur durchtrennt ist, muss das Baby anders ernährt werden. Seine Nahrung kommt jetzt gewöhnlich aus den Brustdrüsen der Mutter (die Milch produzieren können). Muttermilch versorgt das Baby mit allen Nährstoffen, die es zum Wachsen braucht, und baut sein Immunsystem auf.

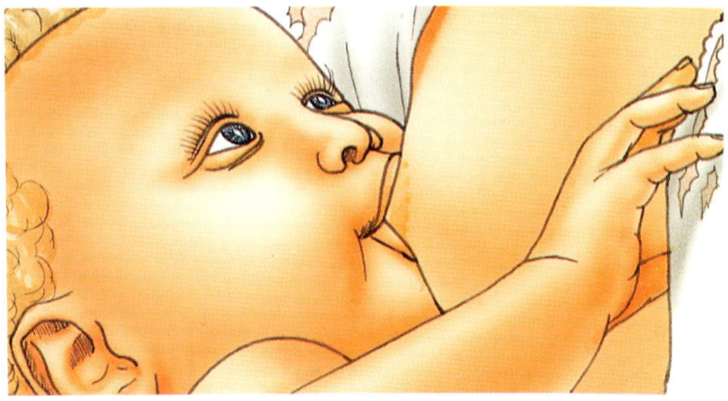

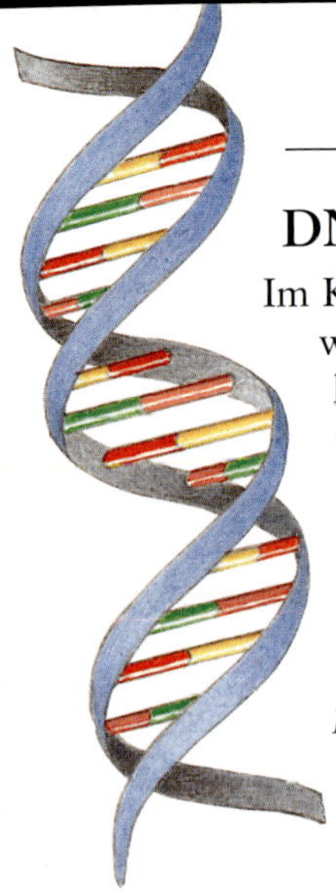

DNS und Chromosomen

Im Kern jeder Zelle befindet sich DNS (abgekürzt für Desoxyribonukleinsäure). Sie bestimmt nicht nur, wie der Körper aussehen, sondern auch, wie er funktionieren wird. Ein DNS-Molekül besteht aus zwei langen Strängen, die sich in einer Doppelspirale eng umeinander winden. Nach innen ragen wie Sprossen einer Leiter Genpaare. Ein Satz Gene kommt von der Mutter, der andere vom Vater. Ein einzelnes Gen ist im Wesentlichen eine chemische Anweisung für den Bau eines von tausenden von Molekülen im Körper. Wir haben jeder ungefähr 100 000 bis 200 000 Gene.

Ein DNS-Molekül bildet eine Doppelspirale (oben). Ein einzelner DNS-Strang enthält 23 Chromosomenpaare (links) – einen Satz von jedem Elternteil. Ein vollständiger Satz mit 23 Chromosomen heißt Karyotyp.

Gene und Lebensphasen

Wenn das Spermium eines Mannes die Eizelle einer Frau befruchtet, vereinen sich die 23 Chromosomen in dem Spermium mit den 23 Chromosomen in der Eizelle zu einem vollständigen Satz an Informationen für den Bau und das Funktionieren eines neuen Lebens. Der Satz von 23 Chromosomenpaaren legt fest, wie das Kind aussehen und wie sein Körper sich entwickeln wird. Jedes Chromosom ist wie ein Paket voller chemischer Anweisungen, die wir Gene nennen. Jede Zelle im Körper enthält den vollständigen Chromosomensatz.

Eineiige Zwillinge haben die gleichen körperlichen Merkmale.

Eineiige Zwillinge

Wenn sich die befruchtete Eizelle in zwei Zygoten teilt, entstehen eineiige Zwillinge. Sie haben die gleichen Gene und das gleiche Geschlecht. Wenn zwei Eizellen befruchtet werden, entstehen zweieiige Zwillinge.

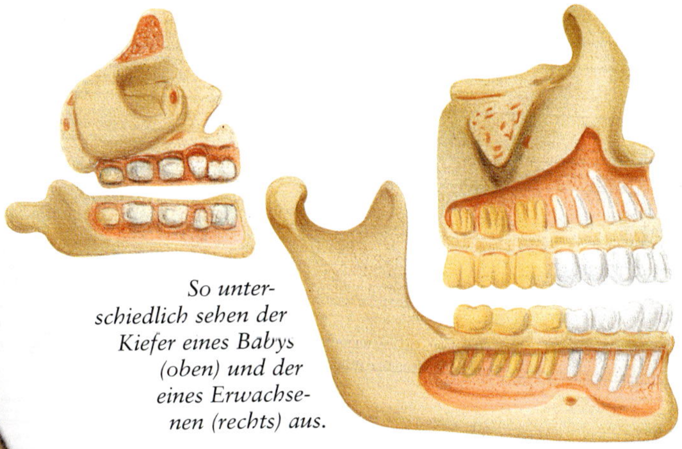

So unterschiedlich sehen der Kiefer eines Babys (oben) und der eines Erwachsenen (rechts) aus.

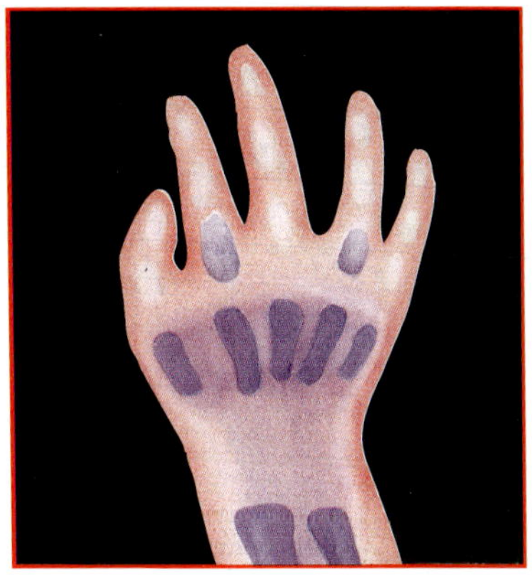

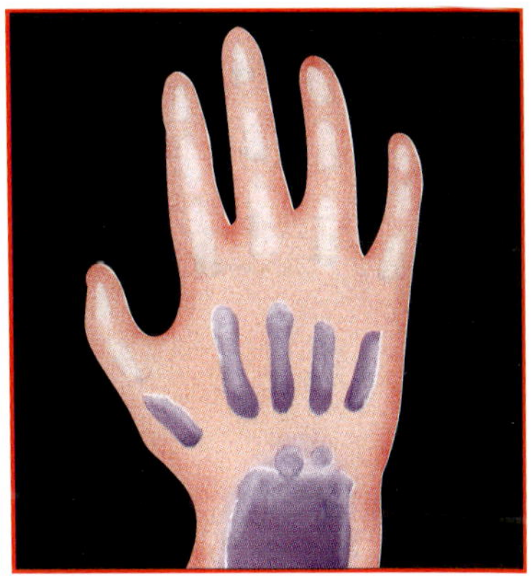

Hände eines Einjährigen (ganz oben) und eines Dreijährigen (oben). Die Handgelenkknochen des Einjährigen müssen sich erst noch entwickeln.

Altern

Wir wachsen, nachdem wir geboren sind, bis wir erwachsen sind. Die verschiedenen Teile des Körpers reifen unterschiedlich schnell (beispielsweise hört das Gehirn nach 15 Jahren und das Skelett nach 18 Jahren auf zu wachsen). Beim Erwachsenen werden tote Zellen nicht mehr durch neue Zellen ersetzt, und wir altern.

Pubertät

In der Pubertät entwickeln sich bei Jungen und Mädchen die Geschlechtsorgane. Bei Mädchen wachsen im Alter von 9 bis 13 Jahren die Brüste, die Hüften werden breiter und der erste Eisprung erfolgt. Bei Jungen erscheinen im Alter von 10 bis 14 Jahren Körperhaare, die Gliedmaßen wachsen schnell, die Stimme wird tiefer und die Samenproduktion beginnt.

In den Arterien kann sich im Laufe des Lebens Fett ablagern, was schwer wiegende Folgen haben kann.

Verborgene Gefahren

Wenn wir älter werden, kommt es in unserem Körper zu bestimmten Veränderungen. Die Knochen verlieren an Dichte und können leichter brechen – diesen Zustand nennt man Osteoporose (sie tritt bei Frauen häufiger auf als bei Männern). Fettablagerungen können sich in den Arterien ansammeln und manchmal zu Blutgerinseln führen. Ein Gerinsel in der Herzkranzarterie führt zu einem Herzinfarkt.

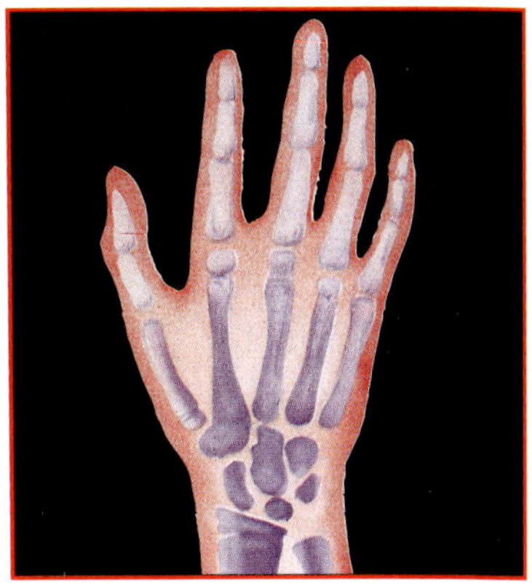

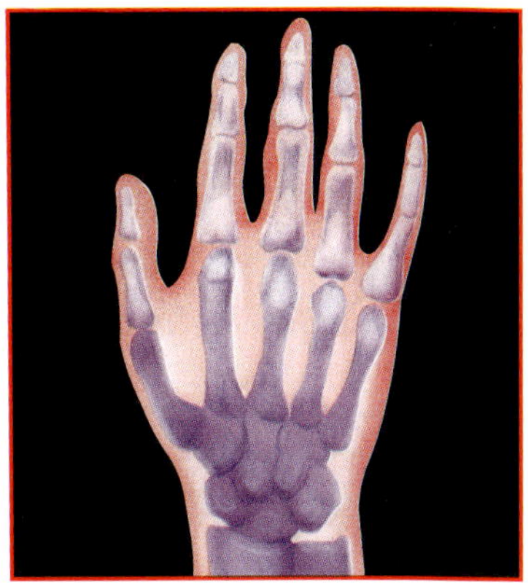

Hände eines 13-Jährigen und, darunter, eines 20-Jährigen. Im Alter von 20 Jahren sind die Handknochen ausgewachsen.

Wenn etwas schief geht

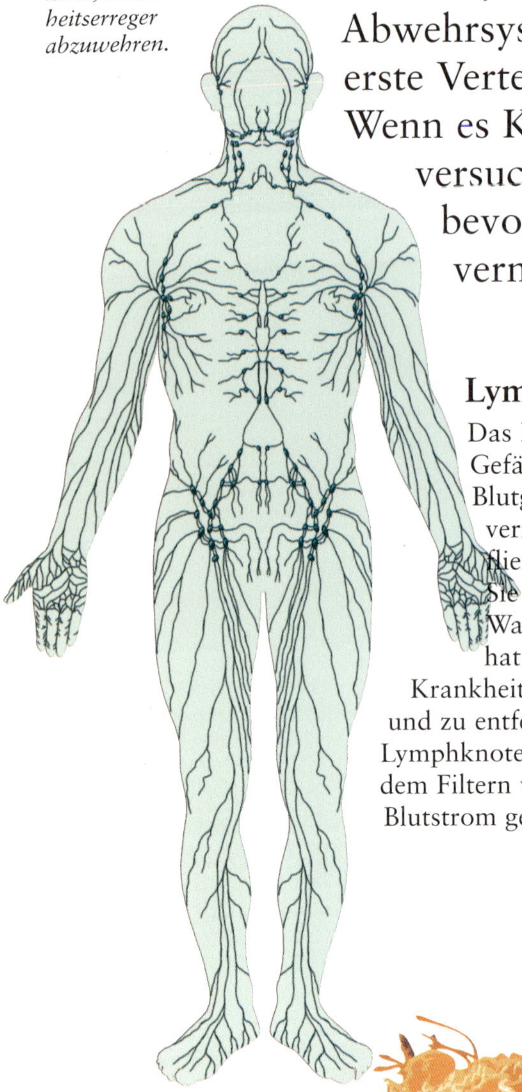

Das Lymphsystem ist ein Netz, das sich durch den ganzen Körper erstreckt. Seine Aufgabe ist es, Krankheitserreger abzuwehren.

Wir sind ständig dem Angriff von Krankheitserregern, wie Viren und Bakterien, ausgesetzt. Gegen diese Bedrohung hat der Körper ein Abwehrsystem entwickelt, das Immunsystem. Unsere Haut ist die erste Verteidigungslinie, weil sie uns gegen die Außenwelt abgrenzt. Wenn es Krankheitserregern gelingt, diese Barriere zu überwinden, versucht das Immunsystem, sie zu entdecken und zu vernichten, bevor sie sich vermehren können. Wenn sich der Eindringling vermehrt, geht das Immunsystem sofort zum Angriff über.

Lymphsystem

Das Lymphsystem ist ein großes Gefäßnetz, das sich ähnlich wie die Blutgefäße im ganzen Körper verzweigt. Durch dieses System fließt eine Flüssigkeit, die Lymphe. Sie versorgt die Körperzellen mit Wasser und Nährstoffen. Lymphe hat außerdem die Aufgabe, Krankheitserreger zu entdecken und zu entfernen. Lymphe wird in Lymphknoten gefiltert. Nach dem Filtern wird sie in den Blutstrom geleitet.

Weiße Blutkörperchen

Weiße Blutkörperchen haben die Aufgabe, eindringende Krankheitserreger zu bekämpfen. Alle weißen Blutkörperchen werden als Leukozyten bezeichnet. Auf der Suche nach Eindringlingen bewegen sie sich selbstständig durch die Gewebe des Körpers. Weiße Blutkörperchen werden im Knochenmark gebildet, sie können sich nicht selbst teilen oder vermehren.

Wie sieht man, dass es funktioniert?

Unser Immunsystem arbeitet ununterbrochen. Meist merken wir das nicht, es sei denn, wir werden krank. Aber wir können sehen, wie es arbeitet, wenn uns zum Beispiel ein Splitter im Finger steckt. Das Immunsystem reagiert und vertreibt eindringende Bakterien, während die Haut sich selbst repariert.

Ein weißes Blutkörperchen.

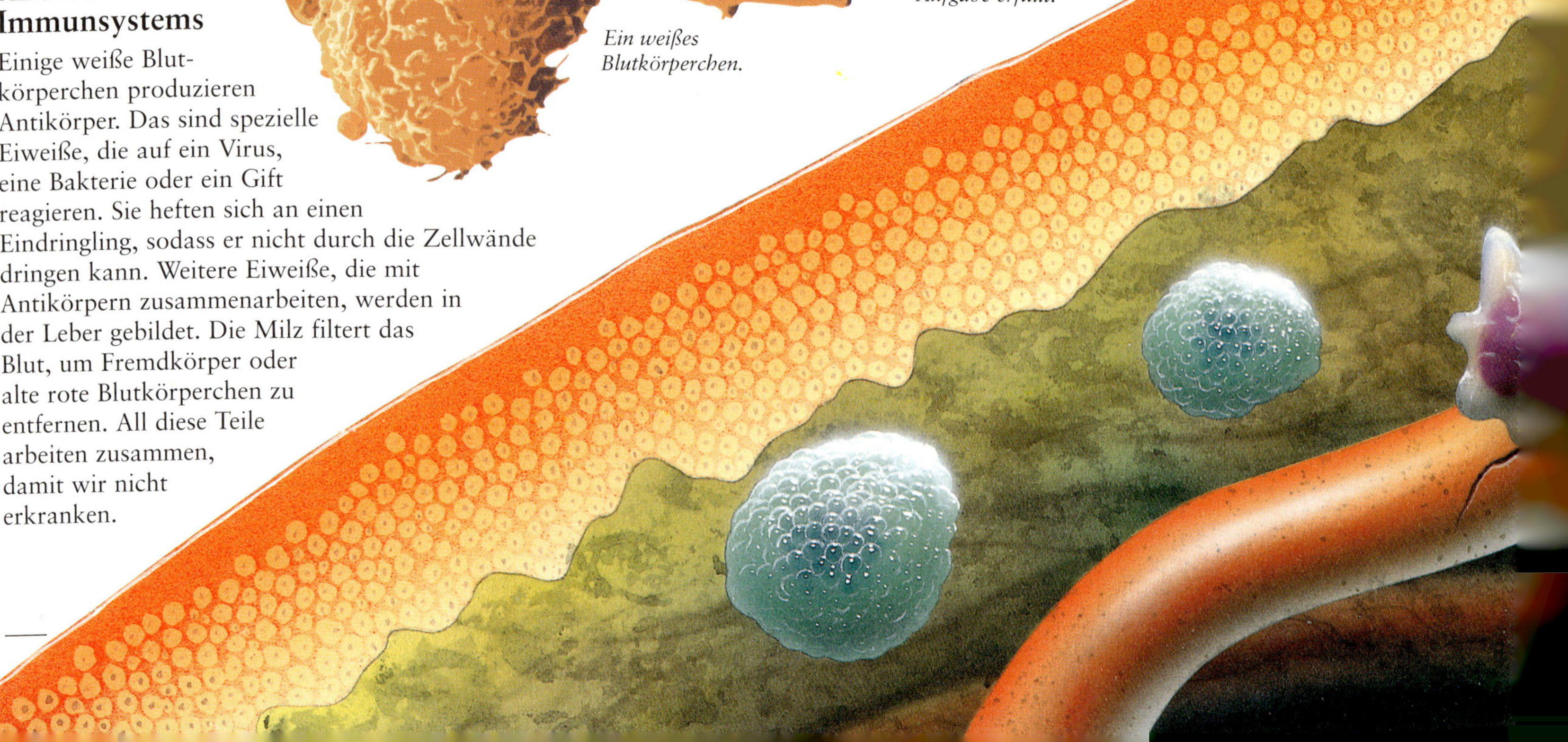

Wenn wir uns einen Splitter eingerissen haben, kann sich die Haut entzünden und die Wunde zu eitern beginnen, aber das ist ein Zeichen dafür, dass das Immunsystem seine Aufgabe erfüllt.

Andere Teile des Immunsystems

Einige weiße Blutkörperchen produzieren Antikörper. Das sind spezielle Eiweiße, die auf ein Virus, eine Bakterie oder ein Gift reagieren. Sie heften sich an einen Eindringling, sodass er nicht durch die Zellwände dringen kann. Weitere Eiweiße, die mit Antikörpern zusammenarbeiten, werden in der Leber gebildet. Die Milz filtert das Blut, um Fremdkörper oder alte rote Blutkörperchen zu entfernen. All diese Teile arbeiten zusammen, damit wir nicht erkranken.

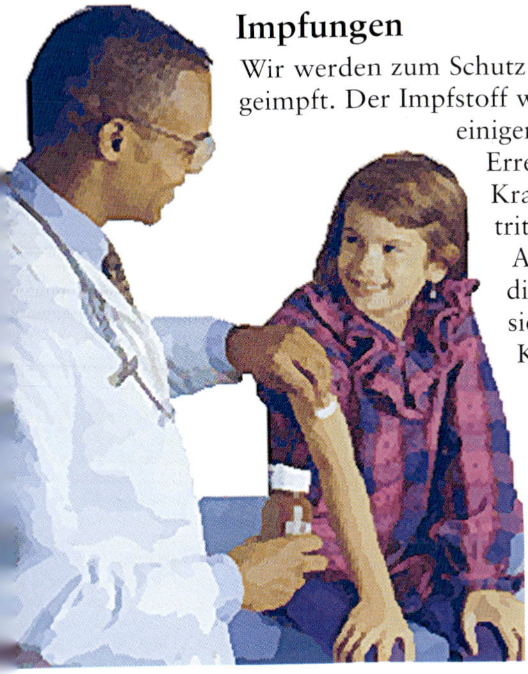

Impfungen

Wir werden zum Schutz vor bestimmten Krankheiten geimpft. Der Impfstoff wird eingespritzt. Er besteht aus einigen abgeschwächten oder toten Erregern, die eine bestimmte Krankheit verursachen. Dann tritt das Immunsystem in Aktion; die Antikörper greifen die Erreger an und werden sich an sie erinnern, sollten sie wieder in den Körper eindringen.

Krebszellen (links) sind bösartige Körperzellen, die sich unkontrolliert teilen und Geschwülste bilden.

Bakterien und Viren

Bakterien sind einzellige Lebewesen, die sich selbst ernähren und fortpflanzen können. In der richtigen Umgebung teilen sie sich alle 20 bis 30 Minuten – das bedeutet, dass aus einer Bakterie in nur wenigen Stunden eine Million werden können. Viren sind DNS-Bruchstücke in einer Schutzhülle. Kaum sind sie im Körper, heften sie sich an eine gesunde Zelle und nutzen deren Anlagen, um sich zu vermehren.

Oben: Impfungen helfen dem Immunsystem, sich an einen Krankheitserreger zu erinnern, wenn er den Körper erneut angreift.

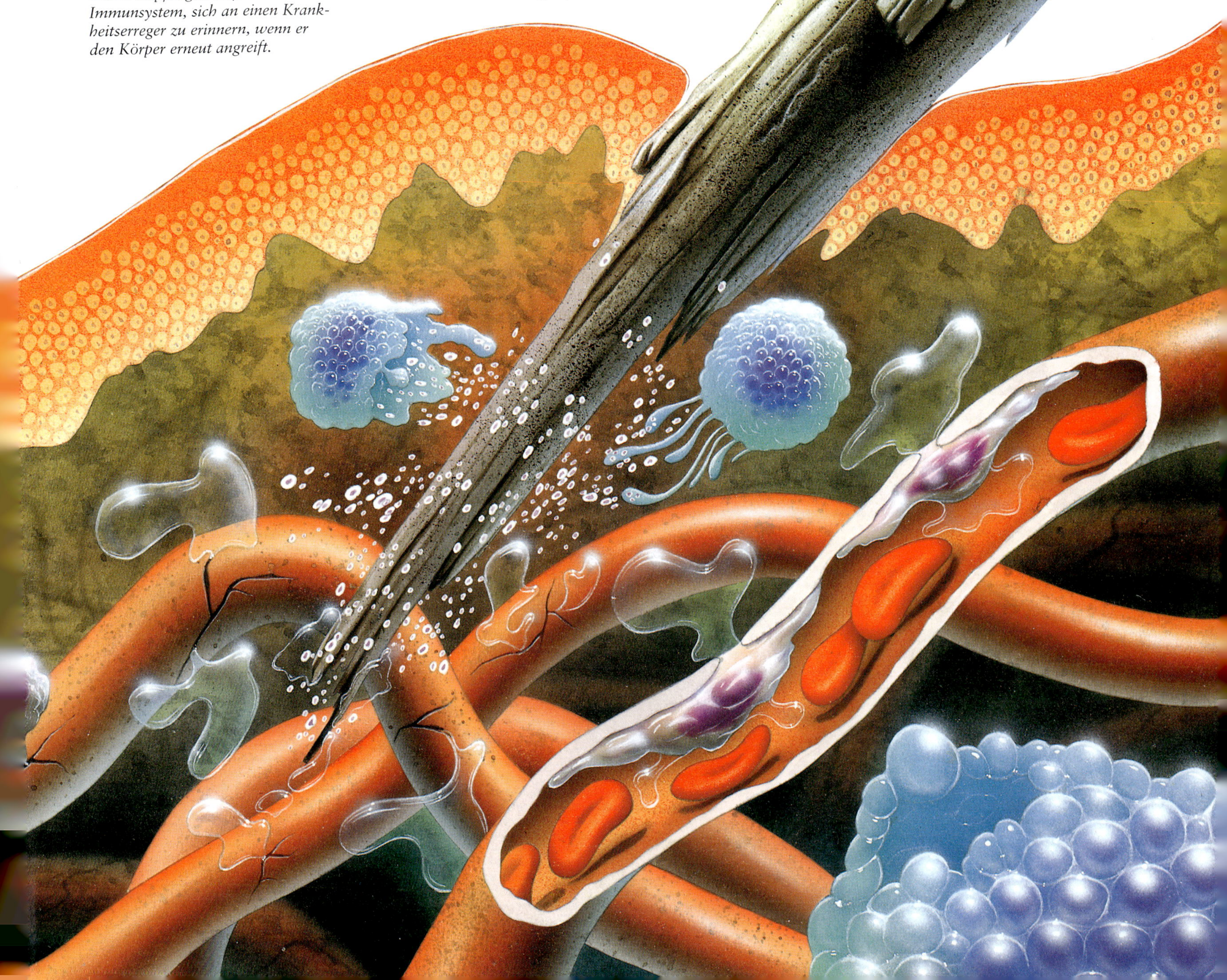

Register